Una vida con Ángeles

Una vida con Ángeles

Tania Karam

Conecta con tu misión de vida
de la mano de tus Ángeles

alamah

Penguin
Random House
Grupo Editorial

Una vida con Ángeles
Conecta con tu misión de vida de la mano de tus Ángeles

Primera edición: marzo de 2015
Primera edición en Estados Unidos: diciembre de 2015

© 2015, Tania Karam

© 2015, derechos de edición mundiales en lengua castellana:
Penguin Random House Grupo Editorial, S.A. de C.V.
© 2022, derechos de la presente edición en lengua castellana:
Penguin Random House Grupo Editorial USA, LLC.
8950 SW 74th Court, Suite 2010
Miami, FL 33156

© 2015, Ramón Navarro, por el diseño de cubierta

© 2015, Patricia Pérez Ramírez, por el diseño de interiores
© Allan Fis, por la fotografía de la autora

ISBN: 978-1-941999-65-3

Impreso en Estados Unidos - *Printed in USA*

22 23 24 25   20 9 8 7 6 5

Dedico este libro a mis amados:
dos Josés, una Laurita, un Daniel y dos hermosas Amelias.

Índice

"Este libro será tu medicina
y al compartirlo será
medicina para otros."

Arcángel Miguel

Bienvenida
¿Por qué este libro?

"Tania, ¿puedes decirme qué dicen mis ángeles acerca de mi **misión de vida**? ¿Cuál es? ¿Qué tengo que hacer? ¿Voy bien o me regreso? ¿Cómo ves, me recomiendan seguir con lo que estoy, o me dedico a otra cosa?"

Me han hecho esta o estas preguntas miles de veces a lo largo del tiempo que me he dedicado a dar terapias, cursos y conferencias... también en la radio, la tele, arriba y abajo de un escenario. ¡La pregunta sobre la misión de vida no puede faltar a donde vaya! En mi mente siempre pensaba, "¿cómo le explico tantas cosas de su vida en tan poco tiempo?", sobre todo cuando sé que tengo tres minutos —o menos— si estoy al aire o si hay una gran fila de gente esperando para hablar conmigo. Deseaba con todo mi corazón tener más tiempo y sentarme con cada uno para tomarnos un tecito y platicar.

Sé lo que es sentir en tu corazón la sed de respuestas, el deseo de encontrar el camino divinamente guiado que sabes que te traerá felicidad. Y sé también que ese camino guiado no sólo te trae felicidad sino muchos retos, y es parte de tu camino espiritual. En mi opinión, un maestro espiritual, o un guerrero de luz, no se hace leyendo libros, éstos ayudan, ¡infinitamente ayudan!, es más, te acompañan; sin embargo superar tus más grandes miedos, tus retos más difíciles, es algo que sólo puedes

hacer tú mismo, ya que te hacen darte cuenta de tu gran poder no emergido y te dan la experiencia y la sabiduría que necesitas, para guiarte a ti y a otros.

A lo largo de estos años, cada vez me impresionaba más (y me sigue impresionando todos los días) darme cuenta de esa necesidad y de la tristeza que había en muchas personas por sentirse desconectadas de su camino, de su misión; incluso me decían con tremenda tristeza que les dolía pensar que habían pasado tanto tiempo sin estar seguros o sin saber lo que debe-rían de estar haciendo con su vida. Lamentaban desconocer si había un *propósito adicional mayor* a lo que estaban haciendo, como si su vida pudiera ser un fracaso, o bien, resultaba un crucigrama o una adivinanza para otros.

He conocido a muchos otros con gran estrés por no saber cuál es *la decisión correcta* para su situación personal, sin dar-se cuenta de que eso también tiene que ver con una *misión personal* que toca a otros aquí en la Tierra. Tú vienes a tocar a muchas personas con tus decisiones, con lo que haces y con lo que dejas de hacer. Con todo lo que das eres un ejemplo y en-señas con los importantes "no" que dirás. Levantarse sin un propósito de vida, con una incertidumbre constante, es de las cosas que he visto que más duelen a la gente día a día. No por nada la depresión es algo tan común hoy.

Preguntaba a los ángeles sobre cada una de las personas que veía en la fila o escuchaba en el radio, y siempre me daban una respuesta amorosa y contundente que pudiera servirles. Adicionalmente, por las noches oraba por cada persona que Dios había llevado a mí ese día, así fueran cientos, y pedía que sus preguntas fueron contestadas por Ellos. Muchas veces me alegraba saber que me veían en sus sueños y que les llegaban las respuestas a sus preguntas.

En mi deseo de poder darles una respuesta más amplia a todas las personas, les pregunté a mis ángeles cómo podría explicarles mejor el gran tema de la misión de vida. Y como los ángeles siempre nos están guiando desde el nacimiento, su contestación fue clara y contundente, como siempre, Ellos dijeron:

"Habla de tu vida."

Esta respuesta me hizo sentir *ultranerviosa*. No soy una persona a la que le resulta fácil hablar de su vida personal, y ellos lo saben. Por eso me pusieron a practicar, ya que en muchas (si no es que en todas) las entrevistas de radio o tele, me preguntaban, "¿Tú cómo te diste cuenta de que podías hablar con ángeles, cómo te diste cuenta de que era tu misión o que tenías este don?"

Y ahí estaba de nuevo la gran pregunta que implica la misión de vida. Pensaba "¿cómo les podría resumir tantas cosas, tantas experiencias, tantos aprendizajes y tantas *pruebas* de confianza que pasé al aceptar mi misión de vida?" El gran tema no es si tienes o no una misión, sino con cuánta conciencia la vivirás. Entre mayor sea la conciencia que tengas, más la realizarás y más la disfrutarás.

En mi deseo por darles respuestas más amplias a este tema, fui guiada a escribir este libro, que hoy es una realidad. Hoy me doy cuenta de que este libro se escribía a medida que vivía mi vida. Y mi intención es que como una semilla de mostaza, la más pequeña de todas las semillas, te sirva para encontrar una gran inspiración y te ayude a crecer. A pesar de mi

timidez, te comparto lo que he aprendido de este tema de la mano de los ángeles y lo que ahora considero una prueba del testimonio que es mi vida.

Que cada una de las lecciones que yo aprendí te traigan luz, que los retos por los que pasé te traigan fuerza, que sepas que aun cuando creas que renuncias a algo, estás ganando lo que hoy no ves. Ésa es mi oración por ti. Que te sientas pleno cada uno de los días de tu vida, que cuando nadie —ni tú mismo— creas en ti, recuerdes que el Amor no olvida a nadie.

En este instante tus ángeles te abren todos los caminos, te toman de la mano y te dicen: "Deja que te muestre la vida, que con gran propósito se ha elegido para ti, que has aceptado y que has vivido."

Con gran amor y bendiciones a tu camino,

Tania
Karam

Primera parte
El valor de ser tú mismo

1. Cree en ti y creerás en un mundo mejor

"Cada paso que has dado, cada inhalación
que has exhalado, cualquier pensamiento
que hayas o no expresado, tuvo su origen en el Amor.
No importa la imagen que hoy tengas de ti,
tú sólo puedes ser y eres amor."

Canalización del Arcángel Jofiel

De parte de tus ángeles te doy la más cordial *bienvenida* a este libro, el cual fue redactado con su amor y con su inspiración. Hoy te hacen la invitación para que te dejes llevar por un recorrido a lo largo de tu vida, para que te des cuenta de tu gran propósito... año tras año.

Entender tu *misión de vida* de la mano de los ángeles ¡es un viaje fascinante! Y que ahora dediques tiempo a comprenderlo te traerá alegría y una sensación de paz desde el principio, y todavía será mayor en la medida que descubras de manera más clara *qué experiencias y vocación(es) elegiste como el camino para realizarte.* Dios siempre ha tenido un propósito para ti y para tu significativa vida.

Mi intención es que al explicarte lo que he experimentado a lo largo de mi vida, con el amor y la guía de los ángeles, aprendas a llevar una relación más cercana con Ellos. Este libro

es un testimonio de vida en el que puedes ver, de manera muy natural, su amor y su ayuda incondicional hacia nosotros con muchos ejemplos que te daré. De ahí mi deseo de compartírtelo. Espero que te sea útil y te llene de inspiración en muchos sentidos.

Desde que era niña he tenido la dicha de sentir a los ángeles, de sentir su amor, su paz y su guía divina. ¡No siempre lo entendí así de claro! Todo en la vida tiene sus procesos, y hasta reconocer tus dones o talentos implica que te voltees a ver con honestidad, con tu deseo de cobrar conciencia.

Y hablando de honestidad, también crecí percibiendo seres fallecidos, los cuales fueron mi "tor-tu-ra" en la infancia. ¡Mmh..., sí!, no por que sean "malos" —no hay tal cosa—, sino sólo porque no había nadie que me explicara. Y siendo tan sólo una niña, me tomó algunos años entender y dominar esta última comunicación sin sentir miedo y darme cuenta de cómo sus mensajes pueden traer una inmensa paz a sus familiares y ayudar a limpiar así tantos prejuicios que hay al respecto.

Desde que era pequeña —me contó una tía— observaba cómo repentinamente yo me podía quedar en silencio y ver fijamente hacia "alguien" cuando en apariencia no había nadie ahí; o incluso jugando me detenía de súbito para observar "algo"... mis ojos recorrían fijamente un *caminar* imperceptible para los otros que no entendían qué pasaba, sólo sabían que "eso" me sucedía.

Muchas veces los ángeles sólo se presentan en forma *discreta* para no distraer tanto tu atención; lo pueden hacer en forma de *luces* que se acercan, con un hermoso e impresionante color *blanco* —un blanco que no hay en esta Tierra— o luces *de varios colores* como *destellos*, que parecen jugar al acercarse, irradiando incluso calidez, como si tuvieran vida propia.

También tienen la capacidad de hacerte sentir ¡una alegría repentina! Se muestran como luces al principio, cuando no estás acostumbrado y no quieren causarte miedo, sino darte señales de su presencia y de su amor. ¡Estoy segura de que han buscado esta forma de manifestarse ante ti!

Con el tiempo, cuando vamos creciendo como adultos, dejamos de poner atención a algo tan inocente, o el mismo miedo *evade* esa comunicación. En mi caso, esa comunicación tenía que continuar porque es parte de mi misión de vida, hablar y enseñar acerca de los ángeles, de la conciencia que traen sus mensajes y del mundo espiritual.

Los ángeles se comunican contigo

La palabra ángel significa "mensajero de Dios", y como su nombre lo dice, un ángel te transmite un mensaje directamente de la *fuente divina*. Lejos de que creas que tener estos mensajes es algo difícil, es la voluntad de Dios que los recibas, recuerda eso, es tu derecho divino. Los ángeles fueron creados para que obtengas todos los regalos que mereces, ellos pueden darte toda la ayuda que necesitas, y mira que sus recursos son *infinito*s.

Tus ángeles de la guarda han estado y estarán contigo de manera permanente toda tu vida, haya personas que crean en

ellos o no, y tengan la religión que tengan las personas. El **amor supremo** no es exclusivo de ninguna religión, no necesitas tener una creencia en particular para que respondan amorosamente a tu llamado. Confía en ellos, pide su ayuda y te sorprenderán. Empezarás a notar sus manifestaciones y sus respuestas creativas. ¡Pide y se te dará!

Para los ángeles no hay grados de dificultad

No hay cosas más difíciles que otras para ellos, eso sólo es así para una mente humana; para ellos, es lo mismo que les pidas ayuda para salir de un resfriado o que les pidas que un familiar querido salga bien de una operación complejísima. Tampoco tiene que ver con el *grado de anhelo* que tengas, pues ellos conocen cada uno de tus pensamientos. Es decir, que les pidas ayuda para encontrar un lugar de estacionamiento no es menos importante que cuando les pides encontrar a la pareja que tanto anhelas y con quien deseas formar un hogar. Su deseo es ayudarte por encima de todo, son puro amor incondicional, ellos toman nota de todas tus peticiones, las chiquitas y las grandotas por igual.

Los ángeles no son cajeros automáticos

Aclaración: en mi experiencia, me he dado cuenta de que algo que crea mucha confusión en las personas es pensar que al pedirles a sus ángeles, como por arte de magia se manifestará frente a sus ojos. Que no suceda así no es una desilusión, es una bendición, de hecho, sería un caos si así fuera. Si funcionara así, tendrías muchas manifestaciones que tampoco te traerían paz, su labor es llevarte a *la paz verdadera*.

Su comprensión es superior a la tuya, nosotros los humanos no alcanzamos a ver la película completa, vemos escenas aisladas, pedacitos de la película. Ellos pueden ver "desde arriba" —como una vista área— una situación. Ven todo nuestro pasado, presente y futuro, por eso saben lo que es mejor para ti. Ellos sí recuerdan lo que *realmente* es benéfico para ti, y por encima de todo velan y velarán por ti, lo comprendas totalmente o no.

Por ejemplo, una mujer puede pedir al amor de su vida, el hombre de sus sueños más fantásticos, sólo para después decir: "¡No comprendo por qué no ha llegado! Lo pedí hace tres años, quince días y treinta y ocho minutos. ¿Qué pasa con mis ángeles? ¿No existen, no me escuchan o hice mal mi lista?" Ya que tus ángeles saben que lo que quieres es experimentar un amor real, sentirte profundamente amada y amar recíprocamente, entonces tus ángeles te están enseñando primero lo que es el verdadero amor, lo cual sí va a traerte beneficios verdaderos. Amorosamente te están ayudando a sanar tus heridas, a aumentar tu autoestima y todo lo que necesites vivir para que tú y la tan anhelada pareja se reúnan, si eso es en tu beneficio. Así, serías una mujer más completa y plena que llamaría la atención de cualquier hombre el día que te conociera.

Y lo mismo de su lado. Eso significa que también a él lo están ayudando a sanar y a crecer; ése va a ser, sin duda, un hombre con el que también preferirías estar. Aprender lo que es el verdadero amor será un proceso de toda la vida, y ellos no nos sueltan de la mano.

En vez de que funcione como un cajero automático, donde picas un botón, pides y obtienes algo, digamos que es más como un restaurante *gourmet*, en lugar de uno de comida rápida. Haces tu pedido, toman nota y preparan la orden de acuerdo con tus más grandes anhelos. Y si ahora no lo ves, no significa que no seas escuchado, sino que se está realizando de la mejor manera para ti y para todos los involucrados.

Si deseas ayuda en cualquier área de tu vida —salud, abundancia, pareja, ser una persona más feliz, menos temerosa, bienestar para las personas que amas o ayudar a otras—, en lo que te imagines, ellos pueden ayudarte, sólo recuerda y confía que todo llegará a ti de la mejor manera y en los mejores tiempos.

Los ángeles nos ayudan a vibrar en la frecuencia más alta, en la paz y en el amor. Por lo tanto, dentro de sus tareas fundamentales nos ayudan *a eliminar la vibración de miedo* en nosotros, nos ayudan en las formas más sabias para traernos respuestas, seguridad y su guía divina. Pueden hacer varias cosas, lo pueden hacer por medio de:

- sus mensajes amorosos
- hacerte sentir su presencia junto a ti
- señales visuales
- señales sensoriales
- señales auditivas
- información que necesitas y te es proveída sin saber cómo lo supiste
- a través de personas que ellos inspiran a tener contacto contigo y te dan un mensaje en esa plática

A algunas personas les da miedo pensar en estos encuentros con sus ángeles. Mientras a ti te atemoricen verlos, ellos evitarán causarte cualquier temor, por lo que te ayudarán sin que te des cuenta, como *amigos invisibles*. Aunque tal vez no puedas verlos, siguen a tu lado hasta el día de hoy. Te aseguro que *hicieron de las suyas* para que este libro llegara a ti de la mejor manera y en el mejor momento. Más adelante explicaré más de las habilidades psíquicas y la forma en cómo se comunican contigo en particular.

Los ángeles y la madrugada

Para los ángeles, todo momento, pero en particular la madrugada, es una excelente oportunidad para entrar en contacto contigo. Muchas veces he explicado cómo nos despiertan, alrededor de las 3:00, 3:30, 3:33, 4:00 o 4:44 para darnos sus mensajes, ¿por qué a esa hora? Porque a esa hora estás en SI-LEN-CIO... es más fácil acceder a ti sin tantos pensamientos en tu mente en hora pico de tráfico. En la madrugada no necesitas estar enfocado en algo en particular, como trabajar o manejar, no estás distraído, ni estás metido en el celular, por ejemplo.

Libreta o diario de mensajes angelicales

Te recomiendo tener siempre una libretita al lado de tu cama, para poder tomar nota de sus mensajes cuando despiertas sin razón en la madrugada. Los ángeles usan sonidos y palabras para llamar tu atención. Pueden susurrar tu nombre; tal vez has oído que llaman tu nombre a lo lejos, o en la madrugada, y te

despiertas sin saber para qué, es que tus ángeles quieren darte un mensaje. Si quieres recibir su mensaje, sigue estos cinco pasos:

1. Siéntate (o ponte de pie) en muestra de respeto.
2. Diles que deseas a recibir el mensaje que tienen para ti.
3. Observa las imágenes, escucha, siente o escribe lo que llegue a ti.
4. Diles que te abres a seguir entendiendo ese mensaje de aquí en adelante: "Me abro a recibir señales e indicaciones para continuar entendiendo el mensaje recibido."
5. Da gracias a Dios, a Ellos, y de regreso a la camita (o bien continúa con lo que hacías si estabas despierto).

En las noches antes de ir a dormir, sobre todo si eres una persona sensible, o si tienes hijos sensibles (al final todos los niños lo son, sólo que hay algunos más sensibles que otros), sé que puede ser todo un tema ir a dormir, que sienten mucho miedo y no saben ni a qué. Sentir ángeles no es algo que cause miedo, sin embargo, los ángeles han explicado que nosotros los humanos sentimos miedo incluso *al amor*.

Con este ejemplo vas a entender cómo sí tenemos miedo al amor.

Recuerdo una linda mujer que asistía a mis cursos. Un día se acercó a contarme que *ahora* sí había hecho el ejercicio que yo les había recomendado. En una sesión les había explicado la importancia de **darles permiso a sus ángeles para que se manifestaran**. Ella lo hizo. Se preparó, dio permiso a sus ángeles de que se mostraran antes de que ella fuera a dormir, dejó su libretita a lado y les pidió un mensaje.

En efecto, en la madrugada fue despertada. Volteó a ver el reloj, eran las 3:00 a.m. (el encuentro puede ser a otras horas, pero es como un símbolo que los ángeles utilizan para que sepas que son ellos). Ella se emocionó muchísimo, empezó a ver mucha luz debajo de la puerta al fondo. No supo ni por qué, pero le dio miedo. Y mientras se tapaba con las cobijas, les gritó: "¡¡¡Lo siento, todavía no estoy lista!!!" Me lo contaba mientras moría de risa. Lo bueno es que tendremos toda una vida de oportunidades.

¡Adiós al miedo en la noche!

Yo pasé una infancia percibiendo amorosos ángeles y seres fallecidos, por ello te puedo decir que *los entiendo*, entiendo a los niños que temen a la noche (ok, y a algunos adultos también). Yo no entendía por qué **sentía o veía personas en mi cuarto**, ¿quién los había invitado? Escuchaba sonidos que nadie más percibía, infinitas veces desperté a mi hermana, me pasaba a su cama o le pedía que se pasara ella a la mía. ("¡Taaaaaaniaaa, ooootra vez!") No es que sucediera algo malo, sino simplemente temía lo que no comprendía. Como niño, necesitas ayuda para entender estos procesos y saber que todo está bien.

Por eso yo no quería o ¡no podía quedarme dormida! Me molestaba sentirme observada, por lo general, se ponían a los pies de mi cama. Prefería no voltear por el miedo que me daba en ese entonces. Así que, por mis malas noches, mis padres optaron por dejar una pequeña lamparita (era una calabaza anaranjada y redonda con un gusanito que salía a saludar) prendida toda la noche a lado de mi cama. ¡Qué alivio sentía! ¡La luz estaba conmigo todo el tiempo! ¡Y podía leer en vez de

dormir!, hasta que mis ojos se cansaban y me quedaba dormida de cansancio. Así fue como me hice una asidua lectora por las noches.

Sé que muchos padres entienden de qué les hablo, por el temor que la hora de dormir les da a sus hijos. En mis cursos muchas personas me preguntan acerca de esto. Yo les digo que aunque sus hijos no sepan si sienten ángeles o seres fallecidos o lo que les asusta con exactitud, lo mejor es preguntarles qué sienten. Y siempre abrir el diálogo, recordarles que *nada* de lo que les atemoriza puede lastimarlos y que sus ángeles de la guarda ¡siempre están a su lado!, también a la hora de dormir. Puedes repetir con ellos esta oración:

Esta noche te pido poderoso Arcángel Miguel
que te quedes en este cuarto haciéndome compañía,
que quites mi miedo y que dejes a un ángel
protector en cada esquina de mi cama.
Acepto que los ángeles me protejan mientras duermo.
Arcángel Miguel te pido que cuides a mis papás,
la entrada de mi cuarto y de mi casa.
Así sea, así ya es.

Esta oración está en un lenguaje para niños; si ellos desean agregar algo más, permíteselos, hasta que se acostumbren a esta oración o a una que se amolde más a ellos. Lo importante es que sientan que cuentan contigo y con sus *hermanos mayores invisibles*, los ángeles. **Habla** con tus hijos, mantén el diálogo abierto a cualquier cosa que quieran expresar, en vez de hacerlos menos, eso no ayudará.

Para mí fue diferente, transité por un camino muy callado. Por alguna razón, nadie hablaba de esto, nadie contaba que veía luces o que hablaba con ángeles, ¡ni llevaba en la escuela una materia que explicara a qué se debía, ni cómo se solucionaba! Peor aún, ¡en ese entonces no había caricaturas al respecto! (Digo, al menos para sentirme más normal.) ¡Mi escuela ideal hubiera sido algo así como Hogwarts, de Harry Potter!

Sin embargo, **uno siempre tiene lo que necesita, no lo que cree necesitar**. Guardé silencio lo más que pude a mi alrededor acerca del tema, sobre todo porque en ese entonces no lo entendía y porque cuando somos niños estamos aprendiendo lo que es "normal". No piensas que tienes que hacer algo con *eso*, pues simplemente sucede. Uno piensa que no ha de ser tan importante porque ¿cómo algo que me ocurre a mí todos los días puede ser un tema del que nadie habla?

Intentas acoplarte a "lo normal", pero es inevitable que seas lo que eres y que des lo que vienes a dar.

El proceso de creer en ti es importante para tu misión de vida

Yo no creía en mí, no me veía como una persona que tuviera algo que enseñar. Para mí, todo lo que me sucedía era *natural*. Al sentir que no terminaba de encajar, o al no percibir lo mismo que los demás, aprendí a ser muy reservada en ese tema. Muchas veces me daba pena y eso me hacía sentir insegura o tímida en cuanto a lo que *veía, sentía, escuchaba* o *sabía, sin saber cómo,* todas estas son formas mediante las cuales se comunican los ángeles.

Eso me ha hecho comprender la importancia de **creer en uno mismo**, principalmente si quieres ayudar a otros, a los que más amas —a tus hijos, hermanos, amigos—, los más cercanos o lejanos, a extraños... ¡da igual! *Tienes que empezar por creer en ti mismo* para poder ayudar y transmitir tus talentos a otros. Sea cual sea tu don, úsalo, **disfrútalo** porque te fue dado para traer regalos importantes a ti y a los demás.

Que nadie —ni TÚ mismo— haga menos tus sueños, por más raros que parezcan. Si aún no encuentras tu don o dones, y no te ves como alguien poderoso desde dentro, no te apures, el plan perfecto que realizaste antes de *encarnar*, el plan de la mano de tus arcángeles y ángeles para tu MISIÓN DE VIDA te ayudará a *despertar*.

Aunque nadie lo entienda —tal vez ni tus familiares o ¡ni TÚ termines de entenderte!—, *todos nacemos con la misión de encontrarnos*, de *expresarnos*, cada quien con sus regalos y con su canción que trae bajo el brazo, por más rara, original, romántica, común o trillada que parezca, ¡es **muy importante** tu aportación! El punto es que hay veces que tratamos de ignorar esa canción, ese llamado, pero recuerda que *entre menos te expreses de la manera única que eres, más frustración puedes acumular.*

Es como hacer un mal *casting*, te **aferras** por estar en un papel que no es el que mejor haces o el que te hará sentir mejor, y para colmo es en una película en la que **no** terminas de encajar, pero *quieres acomodarte*. Como cuando estás en un trabajo que tiene que ver con cierta *parte* de tus talentos, pero no con el más importante y natural.

Tus ángeles te quieren ayudar a ver eso. Como en todo, hay partes que son más agradables de un trabajo que otras, pero en algunos casos tienes que atreverte y pensar en proponerte cosas nuevas. En momentos muy específicos tus ángeles te insisten: "¡Es momento de un **cambio**!" Puede ser dentro de esa misma profesión, casa o empresa, sólo que ellos te ayudan a utilizar tu creatividad y tus talentos no explotados.

Los ángeles siempre nos ayudan a crecer de la manera más amorosa posible. Háblales desde el anhelo de tu corazón, antes de dormir y cada día al levantarte pregúntales:

¿Cómo puedo ayudar hoy?
¿Cómo puedo divertirme más?

Para ayudar a otros, necesitas utilizar tus talentos. Una vez que te acercas a la vibración de alegría, divirtiéndote, entonces todo lo haces mejor. Tus talentos están en lo que más alegría te da hacer. Lo más naturales y los que pulirás con estudios. ¿Qué necesitas hacer para divertirte más?, ¿qué puedes hacer para ayudar a crecer tus talentos? Tal vez sumar una actividad o dejar alguna que drene tu alegría o tu energía, o bien, cambiar algo en tu manera de trabajar por un hábito más sano.

Los ángeles, a pesar de que te guíen en todo momento, o te hayan repetido muchas veces un mensaje o una intuición, necesitaremos sus mensajes una y otra vez, ya que hay en nosotros mucha resistencia al cambio. Si además crees que eres de los que te lo tienen que decir y escucharlo un día sí y el otro...

¡también! Mantente mentalmente abierto a las personas que lleguen a ti con nuevas opciones, nuevas propuestas, y observa *lo que se te repite*.

Los ángeles siempre te hablan en tres

Te repetirán tres veces el mismo mensaje o te darán señales de su presencia tres veces, para que comprendas su guía *divina*, y que de esta manera tomes las decisiones que más te convengan, que son las que te traerán más paz. Toda oración o petición a Ellos es *siempre* respondida. Si crees que no te contestaron, es sólo porque no te diste cuenta de la respuesta.

Un ejemplo de cómo te dan **tri-mensajes** angelicales es como cuando llevan diciéndote en tu mente que descanses, que necesitas voltearte a ver y dedicarte a ti mismo. Y si no haces caso, se manifestarán mediante personas en la Tierra, por ejemplo, personas que te digan que te ves cansado, y una segunda persona te sugerirá ir de vacaciones porque te lo mereces y una tercera te preguntará si dormiste bien porque te ves cansado... Te están repitiendo te ves cansado, ¡es momento de tomarte en serio la idea de descansar! Así lo harán los ángeles si eres una persona más *auditiva*.

Si eres más visual, te podrías topar con un gran espectacular que diga "Haga usted un viaje único en crucero y logre descansar"; o leerás un artículo con buenas opciones para vacacionar, o te llegará por *mail* una invitación a un nuevo *spa*. Estos mensajes te harán tomar en serio los **tri-mensajes** angelicales, necesitas observar que sus mensajes se repiten.

Visualmente lo harán por medio de números repetitivos, como el 11:11, mediante el cual los ángeles te piden que te enfoques en lo que deseas, en vez de estar sólo en tus preocupaciones. Te dicen: "Enfócate en ver el lado luminoso de la situación, nosotros te ayudaremos a verlo."

O también dejan señales como las conocidas plumitas que dejan en tu camino, para hacerte saber que están a tu lado, amándote y protegiéndote. Así que ¡a estar muy alerta!, pon atención a lo que **te late** y a lo que no, en cada decisión **pide su ayuda**.

Los ángeles saben que los cambios que nos generan miedo e inseguridad serán los que nos tomarán más tiempo para que hagamos caso a *su voz*, a través de la intuición y sus señales. ¡Pero ellos tienen una paciencia in-fi-ni-ta! Y lo harán hasta que entiendas y desees lo mejor para ti. La buena noticia es que *ellos* siempre están presentes, te des cuenta o no.

Tu misión de vida

Digamos que tal vez te aferras a quedarte en un negocio familiar porque sientes la necesidad de ayudar a tu familia, de seguir la tradición, pero no se parece ni tantito a tu sueño más lejano de realización; además no tiene nada ver con tus habilidades naturales. Créeme, no necesitas sacrificarte, nadie en el mundo espiritual te está pidiendo eso. Detente y piensa por un segundo, si hubieras hecho un *casting* desde niño, de acuerdo con tus talentos más naturales:

¿en qué papel, trabajo o rol, te hubieran colocado?

Tal vez digas "bueeeeno, eso no me iba a dar de comer, o sólo aplica para cuando era niño", y *¿para qué crees que te fueron dados esos talentos entonces? Tal vez no has visto la manera de aplicarlos de una forma más creativa.*

Date cuenta, si hoy te dedicas a hacer eso que resultaba tan natural en ti y te divertía o te llamaba la atención tanto. ¡*Eso* tiene que ver con lo que vienes a hacer POR MISIÓN! Regálale tiempo a ese pensamiento. Te lo explicaré ampliamente en los siguientes capítulos. La infancia da muchas pistas de tu misión.

Ángeles en la infancia
Su protección y los primeros milagros

La esencia de los ángeles es **amor** y ese amor se nota en la práctica, es algo que se manifiesta al estar ellos **protegiéndote**. Recuerda, su principal trabajo consiste en quitar todo aquello que te genere temor, o inseguridad e intercambiarlo por amor, seguridad y certeza. Con ellos aprendí *que ningún temor era real* y que ellos tienen el poder de eliminar esos pensamientos de miedo.

Puedes estar consciente o no de esos pensamientos de miedo, o vivir atemorizado y que te parezca normal. Pero al presentarse una situación de emergencia que dispara el miedo, o un momento donde te observas, si te detienes a pedirles ayuda a ellos, incluso con un pensamiento, podrás ver la manifestación de los milagros de inmediato.

No necesitas haberlo hecho antes, puede ser que en tu vida jamás los hayas invocado, ni tengas práctica en cómo hablarles. Recuerda que **tampoco es un requisito que hayas sido**

educado religiosamente, ya que Dios está presente y listo en cualquier instante en el que tú decidas invocar al *amor supremo*.

Te puedes dar idea del **poder de su protección** con uno de los ejemplos que experimenté de niña. Tenía alrededor de ocho años, estaba jugando con mi hermana en el área de la cocina. Como todos los niños, encontrábamos diversión en las cosas más pequeñas. En esa ocasión ella y yo nos perseguíamos la una a la otra en círculos, habíamos formado un circuito que recorríamos, la que fuera más veloz y alcanzara a la otra ganaba.

Al empezar el juego salí disparada y detrás de mí iba mi hermana. Entré por la cocina corriendo, trepé por una silla para alcanzar la barra (porque éramos muy pequeñas para alcanzarla), gateábamos sobre la barra para cruzarla y bajábamos del otro lado, pisando otra silla para alcanzar el suelo y de nuevo corríamos a la cocina a empezar de nuevo.

Sin embargo, JAMÁS ME IMAGINÉ que por mi prisa para no ser alcanzada, en una de las vueltas, al momento de gatear en la barra, ¡alcé la cabeza antes de tiempo! y provoqué que se soltaran unas cubiertas de vidrio, que sostenían unas copas de vidrio colgadas en la parte superior. Mi cabeza levantó esas cubiertas, con todas las copas que se desprendieron. Eso era en total... ¡muchos vidrios desplomándose encima de mí! Al instante pensé que terminaría cortada y lastimada (¿Ves? ¡Un pensamiento de miedo!).

La única reacción de protección que tuve tiempo de hacer ¡fue encorvarme y cerrar los ojos!, pero para mi sorpresa, **con mis ojos cerrados pude ver una luz blanca radiante inmensa**, veía la luz protegiendo mi espalda, como un caparazón en forma de tortuga que me rodeaba y se extendía por encima de

mí. Me pareció como si se hubiera *detenido el tiempo* en el momento del accidente.

Cuando volví a sentir que estaba de nuevo en el tiempo, terminé de escuchar ¡el inmenso ruido que había hecho al romperse todo! Es como si esa pausa fuera del tiempo sólo sucediera para que me diera cuenta del arcángel que me protegía y me diera cuenta de *su* luz; esa luz tenía mucho más fuerza de lo que hubiera creído de niña.

Al abrir los ojos, mi mayor sorpresa fue ¡ver los vidrios hechos trizas alrededor y encima de todo mi cuerpo! Los vidrios rodeaban incluso las manos que tenía apoyadas en la barra y habían dibujado el contorno de mis dedos. A pesar de estar salpicada por los vidrios —empanizada, diría yo— LO INEXPLICABLE era que no tenía absolutamente ¡NI UNA SOLA CORTADA!, no estaba herida, ni de un solo dedo, a mi cara no había rebotado ni un pedacito. Parecía que algo los había roto antes de llegar a mí, o que había amortiguado el golpe. ¡Estaba verdaderamente sorprendida!, y aún más cuando al preguntarme ¿CÓMO ERA POSIBLE QUE SUCEDIERA ESTO? En mi mente, al instante escuché una voz que me dijo:

"Siempre estás protegida."

¡Sentí muchísima paz! Esas palabras fueron dichas de una manera sumamente amorosa. En ese momento no entendía, pero este hecho me dejó marcada de por vida. Después de eso sentí una inmensa alegría y de mi boca sonriente salió, quizás por primera vez en mi vida, la palabra "¡¡MILAGRO!!" Mi hermana me volteó a ver confundida y asustada (tal vez había pensado que algún vidrio ¡me había entrado a la cabeza!) "¡Esto es un MILAGRO!" Qué sorpresa… Lo dije sin sospechar que muchos años después me dedicaría a hablar en público sobre los milagros, que daría clases de *Un curso de milagros*, un libro canalizado por el maestro **Jesús**.

Aunque estés en peligro o en problemas debido a decisiones equivocadas que hayas tomado, ¡ellos encuentran la manera de resolverlo o te protegen mucho mejor de lo que nosotros pudiéramos siquiera imaginar! Los arcángeles y ángeles tienen las ideas más creativas para resolver tus problemas, pues su creatividad proviene de Dios. Estoy convencida de que Dios sabe cómo cuidarnos mejor que nadie.

Al preguntar a tus ángeles permites que respondan tu duda

Cuando has hecho una pregunta al aire, de la cual no tienes respuesta, o si sucedió algo que no sabes explicar, como el accidente que te conté, al formular la pregunta abres un canal de comunicación con tus ángeles. ¡Lo importante es que preguntes!, pues en ese momento *habrás abierto tu mente a la respuesta de tus ángele*s.

Ahora estás en camino de construir y recibir muchos mensajes más que te guiarán toda tu vida. Entonces, cuando miras hacia atrás tiene sentido, todo se conecta, hasta lo que crees que son accidentes, *lo que te pasa de niño es parte de lo*

que se revelará como tu misión de vida a medida que vas cre-ciendo.

En los siguientes capítulos te darás cuenta de los *MAES-TROS* que pediste para tu despertar, de las ideas equivocadas que tienes sobre tu misión de vida, de cómo tu niñez es un mapa de pistas *clave*, y de lo que pasa espiritualmente en nuestras vidas en *cada edad en particular*, de cuándo tocas tu misión de vida, y cómo todo es perfecto bajo la vista de Dios.

Mantente con esta idea: TU VIDA es un *perfecto* ejemplo de la *perfección* de Dios, y en este momento tú ya estás siendo guiado para recibir los frutos de *su* amor.

2. Aclara ideas sobre tu misión de vida
Los maestros que atraes

No ha habido en la Tierra maestro más sabio que
el mismo Amor, éste toma todas las formas que hoy
concibes, inclusive las que hoy tú entiendes como
una experiencia de desamor, éstas contienen la
esperanza de que desees renunciar al mundo de dolor.
Amado te sentirás de regreso con Nosotros.
Bendito eres, tú, que eres y serás... maestro para otros.

Canalización de Arcángel Rafael

A veces, cuando pensamos en un *maestro* o en grandes personajes que vinieron a transformar las vidas de otros, vienen a
nuestra mente personas como Gandhi, sor Juana Inés de la Cruz,
Einstein, Frida Kahlo, Leonardo da Vinci, Evita Perón o más con-
temporáneos como Steve Jobs, o la alegre Sha Sha Shakira.
Pensamos que sólo unos cuantos personajes *especiales* están
destinados a hacer la diferencia a lo grande. Y hoy sólo tenemos el
privilegio de vivir en un mundo con sus legados, fruto de sus
dones y talentos. Pero rara vez es del mismo dominio popular, lo
difícil que fue para ellos, lo que dudaron, o el trabajo que les costó.

Hablando de maestros, *todos somos maestros para todos.*
Maestros y aprendices, eso ayuda a que siga creciendo la conciencia. La contribución de todos y *cada uno* es importante, no
sólo la de los grandes maestros o personajes. Tal vez no has

pensado en ti como un maestro, pero tus ángeles te recuerdan que tú también has estado enseñado algo y toda la vida enseñaremos algo con el ejemplo.

> El más grande maestro es el más grande aprendiz. Todos los días la vida te invita a aprender algo, a que seas un gran revolucionario *en tu propia vida*.

Tu vida está destinada a tocar la de otros, la de tus hijos, amigos, colegas, los más cercanos y los no tan cercanos. Lo que elegiste por misión de vida es importante para TODAS las personas con las que elegiste relacionarte, y ellas son personas a las que les dejarás tu huella, tu legado, tu pasión, tu amor.

La importancia de tu misión de vida no depende de **cuántas** personas toques, sino de que permitas que suceda el *cambio en ti* mediante tu interacción con los que viniste a tocar. Si te haces consciente de lo que quieres enseñar, de lo que quieres dar, ese *milagro* de cambiar tu mentalidad derramará bendiciones a tus más cercanos o desconocidos, continuará como efecto cascada a muchos más, te enteres o no, los habrás tocado al elegir dar lo mejor de ti.

¿Qué es misión de vida?

Misión de vida es el plan divino que aceptaste *antes de nacer* para ayudarte a despertar en la Tierra y sentirte de regreso a tu hogar, de regreso a sentirte uno con Dios. Tus ángeles velan ese plan perfecto con todo su amor.

Te tengo buenas noticias: tu misión de vida va más allá del QUÉ HAGO, A QUÉ ME DEDICO. Generalmente me preguntan qué trabajo o qué negocio pueden recomendar los ángeles para ver si ahí les va a ir mejor económicamente; también quieren saber si se casan o si se divorcian..., y si es parte de su misión, desean saber si serán felices o exitosos...

Te explico: su plan es mucho mayor que eso. Siempre podemos recibir *su* guía en cuanto a *cada* decisión que tomemos, pero *generalmente NO hacemos las preguntas correctas a los ángeles* para conocer a mayor profundidad nuestra misión o cualquier situación que vivimos. En todos mis cursos o conferencias, siempre hay alguien que me pregunta ilusionado o con tristeza:

"¿Mis ángeles me pueden decir cuál es mi misión de vida?"

"¿Debería seguir en este trabajo o debería renunciar?"

"¿Y si renuncio, me va a ir bien?"

"Me gusta lo que hago pero me siento estancada y no sé qué rumbo tomar..."

Dentro del repertorio también está:

"¿Este negocio que quiero iniciar va a prosperar? No me quiero equivocar y no tengo dinero para perderlo."

¿Cómo se conecta esto con tu misión de vida y los ángeles? Vamos aclarando algunas ideas respecto a tu misión de vida.

Siete verdades sobre la misión de vida

1. Tu primera misión es que tu vida sea un ejemplo de la dicha que cultivas en ti.

Ése es el principal objetivo de tu misión de vida, tú vienes a llenarte de gozo a través de TODO lo que haces en tu vida diaria. O sea, QUE SEAS FELIZ no sólo con tu trabajo, sino que te sientas bien con quien eres, estés en la etapa de tu vida en la que estés. Con las opciones que tengas en este momento, con el poco o mucho dinero que tengas, con la salud que tengas, con el éxito que tengas... el que ha despertado utiliza lo que tiene para ser feliz, *el que vive dormido aún vive a expensas de lo que espera que llegue* y sufre por lo que teme perder.

Habrá muchos que aprecien lo que les diste, otros que ni recuerden que tú se los diste o que no valoren lo mucho que te esforzaste para darles. Sólo en ti cabrá una profunda gratitud por el lugar que ocupaste en tu vida, sabrás que fuiste de servicio, que los demás disfrutaban estar cerca de ti, que te entregaste y que no dependía del resultado, sino de la devoción que había en ti por el otro.

Al mismo tiempo, tú eres ese otro. Todo lo que des será para ti mismo y lo que regrese a ti no tendrá límites, te sentirás lleno de dicha, y tal vez un buen día digas "¡ajá!, ya aprendí de qué se trata este juego de la vida, me rindo Padre-Madre, no necesito repetir más esta experiencia terrenal, estoy en paz, puedo 'regresar' a Ti."

2. Tu misión de vida la estás cumpliendo desde que naciste.

No hay nada fuera de lugar. Ya vimos que tu misión de vida va más allá de lo que haces, y se trata de quién ERES. Entonces, desde la hora que elegiste nacer, con los padres que elegiste tener, tus hermanos, el lugar donde naciste, en las condiciones económicas en las que tu familia vivía cuando naciste y el mismísimo modelito de cuerpo en el que vienes, todo es perfecto para las situaciones de vida que venías a experimentar.

Es decir, por tu libre albedrío elegiste vivir las experiencias que serán en tu mayor beneficio y que más te harían crecer. Aunque éstas parezcan incluir momentos dolorosos, nada está fuera de lugar. Cuando no comprendemos algo a nivel espiritual lo vuelves a elegir, lo propicias para entenderlo. Lo vas a ver en todas partes, una y otra vez. "Lo repasas" hasta comprenderlo y más que comprenderlo, perdonar por haber dado el poder de lastimarte a ti mismo, mediante esa interpretación que le diste. Tú siempre estuviste y estás en poder, en poder de decidir.

Este plan de vida que trazaste *antes de nacer* es un plan a prueba de fallas, está hecho para que todos los días elijas despertar un poco de todo dolor y de toda sensación de carencia. Los ángeles explican:

"Ni una sola hoja cae de un árbol sin un propósito."

Así que recuerda, todo cuenta, todo suma, toda experiencia por la que pases; el hecho que en este mismo momento estés leyendo este libro es como esa hoja del árbol, por pequeña que la coincidencia parezca, esa hoja tuvo su origen de ese Gran Árbol, no se quedará sola, sino que, en la perfecta sabiduría, cada movimiento contiene un propósito.

3. Tu misión te conecta con tu riqueza interior.

Los ángeles que están a tu lado te ayudan a conectarte con tu misión, y con la persona que realmente eres, con la riqueza que *ya existe en tu interior*. Los ángeles *explican* que si supié-

ramos lo que *en realidad* nos hace felices ¡eso estaríamos pidiendo!, pero tenemos muchas ideas confusas y contradictorias de lo que queremos. En la superficie, parece que sabemos lo que necesitamos y lo que sería en nuestro mayor beneficio, pero los ángeles nos conocen mejor de lo que nosotros lo hacemos. Recuerda, conocen todo nuestro pasado, presente y futuro. Saben por lo que has llorado, a lo que temes y lo que te traerá más alegría.

Simplemente pregúntate, ¿cuántos de tus pensamientos al día crees que estén REALMENTE enfocados a construir tu felicidad? Y de esa cantidad de pensamientos, ¿cuántos se convierten en actos concretos con tareas que terminas?

Ellos nos pueden ayudar a ver con mayor claridad, en vez de estar pensando tanto en problemas cotidianos como en el "necesito trabajar tanto para conseguir las cosas". Dejar de pensar "¡qué fácil que se va el dinero!", en lo difícil que está todo, en ser muchas veces el esclavo de tus posesiones...

Todos esos pensamientos están motivados por el miedo, y si sientes miedo te has olvidado de *quién eres*. Has entrado al juego del ego y el deseo de ser *especial*. Sólo que para el ego, que tú seas más *especial* que alguien significa que otro tiene que ser menos. En el mundo espiritual nadie puede ser menos que otro, no hay más especiales que otros, todos somos luz que proviene de la Luz.

Por eso, en particular el **Arcángel Miguel** *te ayuda a que te conectes con tu misión de vida*, con esa riqueza interior para ofrecer sólo tu riqueza, y no tu miedo; te ayuda a que ofrezcas tus talentos sin miedo a fracasar. El **Arcángel Miguel** te ayuda a conectar con tu fortaleza y también ¡a que dejes de posponer lo que tienes que hacer!

Hay personas que están tan desesperadas por vender algo o ser el número uno en algo que hace mucho que dejaron de disfrutar; incluso, ser el primero se puede volver una carga y todo se vuelca hacia el esfuerzo. Sólo al ego le interesa ser el número uno en algo; el que está en paz sabe que puede y acepta ser el número uno o no, su prioridad es ser feliz.

Pide ayuda al **Arcángel Miguel** si tienes miedo de no conocer tu misión en este momento en el que te encuentras, o si deseas perder el miedo de cumplir la misión que intuyes, Él te dará muestras CLARAS Y CONTUNDENTES del camino a seguir.

Tus ángeles de la guarda conocen tu esencia, que ya es ser abundante sin medida, y por eso pueden ayudarte a conectar con esa abundancia. Para eso *has pedido las situaciones que te ayudarán a crecer en todas las áreas de tu vida*, ¡no sólo a crecer en dinero! ¡Cuántos casos conocemos en los que tener dinero no les asegura la felicidad!

Ellos te ayudan a estar conectado con algo que te apasiona, que te motiva a pararte todos los días a hacerlo, que te hace sentir útil, acompañado, en el contexto adecuado para desarrollar tus habilidades, y además tus ángeles te ayudan a colocarte ahí, en el lugar perfecto para tu crecimiento. ¡ESO te ayudará mucho más que pedir dinero! Lo que se hace por conseguir dinero no puede traer paz a largo plazo. ¡Contar con tus ángeles es como encontrar a los mejores asesores de alegría, de sabiduría y de paz! ¿Te gusta ese equipo...? Te conocen tan bien, que te aseguro que si les das el más MÍNIMO voto de confianza, a partir de este momento te van a sorprender con su ayuda.

4. Ten fe en los demás y gratitud encontrarás.

Los maestros En el viaje del despertar te serán dados acompañantes, comenzando por tus padres, hermanos, amigos, vecinos, compañeros de la escuela en la que vayas o hayas ido, amigos en los distintos lugares que visites, todo está conectado. Esas personas que "se encuentran" contigo en tu camino traen todas y cada una, bendiciones bajo el brazo, incluso las que más desconcierto o molestia te traigan, y aquellas que más te desesperen, también, pues te impulsan a que creas tanto, pero tanto en ti, que esas personas se volverán grandes escalones en tu vida.

Si no tienes fe en ti, vivirás con miedo pensando que este mundo es un lugar hostil en el que hay que vivir a la defensiva. Todo porque aún no conoces tu poder, el poder que tienen tus palabras sobre otros, el poder que tus actos tienen sobre otros y el poder que tus pensamientos tienen sobre otros. ¡Toda tu energía está repercutiendo en otros!

Por eso, ahora que veas hacia atrás y hacia delante, observa qué importantes han sido ciertas personas en tu vida. Habrá unos que llamarán más tu atención y podrás encontrar *maestros* de tres tipos:

1. Maestros amorosos
2. Maestros rasposos
3. Maestros tormentosos

Los tres vienen a ayudarte a despertar, a que te muevas, a que te aprecies, a que sanes, a que entres en esas heridas para llenarlas de conciencia y de amor, y que *crezcas por encima del miedo*, sólo que... vienen a hacerlo de muy distintas maneras.

Maestros amorosos

Es el primer tipo de *maestros* que elegiste para ayudarte *en esta película*. Ellos toman la forma de amigos entrañables que siempre recuerdas con cariño, de amigos con los que te divertiste increíblemente, o en la forma de un amante inolvidable que te hizo creer en el amor, o vibrar en pasión. Lo recordarás con gratitud toda tu vida. En la forma de un grupo de grandes amigos con los que puedes desahogarte y ser tal como eres; en la forma de un abuelo adorado con sabios consejos; en la forma de una madre apapachadora; o un esposo o esposa que siempre se mantuvo junto a ti amándote, sin renunciar a su amor aunque fueran tiempos difíciles. O puede ser simplemente que este tipo de *maestro* llegue en la forma de un extraño que siempre recordarás que te tendió la mano.

También elegirás, dependiendo de tu nivel de conciencia, a por lo menos un maestro espiritual terrenal, que te ayudará a ver y a salir del miedo, que te dará confianza hacia el futuro y te apoyará para dar pasos con mayor seguridad. De los varios que puedes elegir, elegirás en particular uno que sientas antes y después de su llegada a tu vida. Puedes conocerlo o no en persona, pero tu corazón sentirá gratitud hacia él. Te ayudará a ver de la manera más amorosa que tu aceptes y *te abraza* al hacerlo.

Este maestro es uno más formal, no como los que mencioné anteriormente, tú le asignaste este rol y ambos se eligen antes de nacer. Cada una de las partes afirma que desea el encuentro y elige en qué momento o momentos de tu vida te lo encontrarás, en qué edades para que traiga comprensión,

amor y repuestas a tu vida. Viene a ayudarte como parte de su misión a que tú despiertes.

En todos los casos, **el común denominador** es que sucede de una manera *amorosa y gentil*. Son maestros a los que siempre agradecerás con cariño cuando veas hacia atrás. Habrá maestros más *fuertes* que otros. Repito, algunos de ellos están destinados a marcar tu vida como un antes y un después de ellos. Se encuentran destinados a cambiarte la vida y, precisamente por eso, elegiste encontrártelos.

Estos maestros tienen como función traerte paz, aceptación, conciencia, amor, alegría, diversión, salud. Te ayudan a sentir dicha en tu vida.

Maestros rasposos

Este tipo de maestros son "curiosos", pueden ser amigos que se convierten en examigos, gente con la que primero te llevas muy bien y por circunstancias de la vida se complica el panorama. Surge una complicación y por un tiempo pueden ser personas que se convierten en "una piedra en el zapato". A diferencia del maestro anterior, son sujetos a los que quieres, pero de alguna manera tampoco puedes con ellos, te cuestan trabajo de alguna manera. Se convierten en "el coco" de las personas, un rompecabezas que en ocasiones no se termina de resolver, incluso para toda la vida, y siempre se tiene esa sensación con ellos. Como un "te quiero pero no puedo contigo" "te quiero pero me acatarras", "te quiero pero no te puedo perdonar", o un "te quiero pero me traicionaste", "te consideraba una buena amiga, pero preferiste ver sólo por ti faltando a nuestra amistad", "te quiero, pero no me diste la atención que necesitaba."

En esta categoría también están las personas "que te ven la cara" o que sientes que te defraudaron de alguna manera, pero no las puedes odiar, les guardas recelo, rencor, no las quieres cerca de ti, tienes dificultad para hablar con ellas, si es que siguen en tu vida. Pero de igual manera, lejos o cerca su relación no quedó o está de manera armoniosa, son relaciones en las que hay fricción, que *"raspan"*.

Puede ser una hermana, una tía, un hijo, amigo ¡que los quieres! Pero no hallas la forma con ellos, constantemente te desesperan o actúan justo de la manera que no desearías que lo hicieran. Pueden ser personas a las que brindaste toda tu confianza y querías, pero al tener actitud de orgullo, de envidia, de deseo de control, o una lucha de poder, entra el ego y la relación no camina más. Si no se separan físicamente, sí lo hacen emocionalmente, pues se "raspa" la relación cuando se ven, y aunque en el fondo se quieran, no parece lograrse ni un acercamiento real, ni una buena comunicación.

En este tipo de relaciones, puedes observar si el orgullo prevalece, el deseo de tener la razón, la envidia y la comparación constante. Pueden ser hermanos que se aman, que se adoran; o una relación padre-hijo; que nadie hable mal de ellos o los toque, porque pueden dar la vida y defenderlos, aunque ellos mismos se critiquen, o ni con mucho trabajo logran la mayoría de las veces una buena comunicación.

También podrían haber sido socios, o un empleado y jefe, en un trabajo formal o informal, donde uno de los dos se va. ¡Sólo para poner **el mismo** negocio que el que lo invitó a trabajar en un principio con él! El dolor está constante en el primero junto con el sentimiento de traición, mientras que el

segundo necesita hablar mal de quien lo invitó a trabajar, sólo porque no reconoce su error, su envidia o su ambición, y por lo tanto, tendrá que hablar mal de esa persona para justificar su separación. *Los ángeles explican que la envidia es la emoción que más escondemos.*

El **común denominador** es que hay *sentimientos encontrados*, de enojo y amor, cariño o gratitud. No puedes sacarlos de tu mente o de tu vida hasta que se resuelva de alguna manera el error, y ambos regresen al amor. Puede tomar muchos años, incluso al final de tu vida, *tus ángeles te ayudarán a hacer esa revisión de vida*, para llegar a perdonarlos/perdonarte. O para que en tiempo presente puedas bajar la guardia, ya que en realidad nadie desea el conflicto, y en el fondo no los dejarás de querer o agradecer la importancia que tuvieron o tienen en tu vida.

Estos maestros tienen como función hacer *que trabajes tus emociones o actitudes que no quieres reconocer en ti*, como el orgullo, la comparación, la envidia, la impaciencia, la baja autoestima, la ambición, una parte de ti que no está siendo responsable o respetuosa. Para que hagas un ejercicio de vida, al confirmar qué SÍ quieres, qué NO quieres, QUIÉN SÍ quieres ser y quién no. Esto te hará mejorar tu comunicación interna y definir nuevas metas y formas de relacionarte.

Con este tipo de maestros no te será fácil relacionarte siempre, ya que suelen "rasparse" el uno al otro en medio de esos sentimientos. Al hacerte trabajar con tu ego, ayudarán en tu despertar, pues ambos están destinados a regresar al amor, a la cordialidad; al hacerlo serán encuentros que te traerán crecimiento, reflexión sobre una forma en la que puedes actuar, al final es un ejercicio de vida para que una y otra vez elijas en la práctica, en la vida diaria, la paz.

Maestros tormentosos

Ahora... ¡AGÁRRATE! El tercer tipo de *maestros*... ¡oh, por Dios! (¡santas batiseñales equivocadas, Batman!), ¡vinieron a moverte el tapete en tu vida! Vienen, literal, a sacudirte. No sabes qué va a pasar exactamente con esas personas, si te quedarás con ellas o no, si ese día va a llover o a salir el sol con ellas, pero su presencia en tu vida DEFINITIVAMENTE no pasa inadvertida. Y cuando menos te lo esperas ¡zaz!, ¡eso se convierte en una batigranizada! ¿O sea? En *spanish*, por favor; es decir, en una gran desilusión, en un esguince de tercer grado en el corazón, o en un enojo que puede durar... vidas.

Estos maestros tienen gran efecto en tu estado de ánimo y de igual manera marcan tu vida. Puedes haberlos elegido en la forma de una empresa despiadada que de un día para otro te retira beneficios y te inculpa de un delito que NO cometiste para quedar bien con el consejo.

O idílicamente en la forma de una pareja súper atractiva para ti, parece que te quema el estar cerca de esa persona, de la que te *enamoras* pro-fuuuun-da-men-te... sólo para NO quedarse contigo, ya que mintió y te enteras de que estaba casado y con hijos.

Puede ser en la forma del empleado que te comete un fraude dejándote en bancarrota a ti y tu familia, el socio que te traiciona y terminas en la cárcel por él, o el esposo que te engaña y además se porta de manera abusiva contigo y con los

hijos, etcétera. Hay muchos ejemplos de donde escoger. ¡Hay variedad, vaya!, pero creo que ya tienes la idea y ¡ya sabes si has tenido un *maestro* así en tu vida!

El común denominador es que son personas con las cuales hay encuentros tremendamente fuertes, te obligan a tomar decisiones en tu vida, y definitivamente no recuerdas con cariño, ni son personas a las que sientes querer. Al menos, en un inicio, con el tiempo y la práctica espiritual, terminarás agradeciendo también, pero son los casos más difíciles de no sentir odio, frustración, impotencia o una profunda depresión.

La función de estos maestros es moverte tan duro el tapete que dejes de posponer tu crecimiento y atiendas tus heridas más profundas. Acuerdas encontrarte con estos maestros para sanar pendientes de vidas pasadas con ellos. Puede haber gran negación o ceguera de tu parte, pero te aseguro que te harán crecer.

Quizá, los pediste para desarrollar y fortalecer tu autoestima, para aprender a poner límites sanos; para aceptar y superar tu ambición desmedida, para que reconozcan el dinero como un medio y no como un fin. Para experimentar el maltrato y ser empático con quien lo sufre; para reconocer y respetar las diferencias y aceptar que somos iguales.

O bien puedes atraerlos en la forma de una pareja que te maltrata física y emocionalmente, que te amedrenta, sólo para que empieces a mostrarte más amor a ti que al que te maltrata. **Su función es hacerte alzar la voz al fin**, para que te escuches o te observes en mayor conciencia.

Representan grandes cicatrices en tu vida. "Entre más duele el tropezón, más grande la lección."

Como te puedes dar cuenta, los tres tipos de maestros te ayudan a crecer de maneras muy distintas, pero con cada uno trabajas y creces. Con los maestros amorosos hay enseñanza donde hay **gratitud–amor**. Con los maestros rasposos hay **amor-tensión**, con los maestros tormentosos trabajas por medio de la **frustración-superación** que te conduce a la más grande introspección. Todos son un complemento en tu misión de vida, el plan para tu despertar.

Al final, todos ellos son necesarios, para crecer y comprender; así aceptas la necesidad y la contundencia de las lecciones que llegan con la tormenta; todo se limpiará, tus pensamientos menos amorosos y con falta de valor serán puestos bajo la lupa. Entre mayor es tu nivel de conciencia, menos maestros tormentosos habrá en tu vida. No es que no haya contundencia en las enseñanzas de los maestros espirituales *amorosos*, también pueden decirte verdades y ayudarte a abrir los ojos, la diferencia es que a ellos no les guardas rencor por hacerlo.

Los maestros tormentosos, como su nombre lo dice, traen consigo "la tormenta" y una inminente sacudida para que crezcas y hagas lo que NO has hecho. Elegimos más maestros amorosos que tormentosos. Si en tu vida no aceptas a los *maestros amorosos*, estás llamando a los *maestros tomentosos* y ellos acelerarán tu proceso.

5. En tu misión de vida, la experiencia que más temes será lo que atraerás.

No como un castigo ni porque Dios o el universo entero no te ame, y mucho menos porque haya un Dios castigador; tampoco porque alguien te haya hecho brujería. Es muy común creer que cuando las cosas no funcionan, se debe a que alguien más es el responsable, nos tira mala onda, o que puso un hechizo sobre nosotros. El único que piensa eso es tu ego, que siempre busca enemigos y excusas fuera de ti para no crecer en conciencia.

Atraes lo que más temes, porque eso es lo que más te empoderará, eso te hará sanar más juicios y al final crecer con mayor libertad. Una vez que pasas por ese miedo, te das cuenta de que el reto sólo estaba en tu mente.

6. No puedes adelantar ni atrasar nada en tu misión de vida.

Toma un día a la vez. Si no sabes disfrutar las pequeñas enseñanzas y los pequeños logros, ¿qué te hace pensar que disfrutarás de todo después?, ¿sólo al final?, ¿sólo mañana? Es igual de importante disfrutar las pequeñas alegrías, como los grandes logros.

En tu misión de vida, **no** puedes adelantar ni retrasar quedar embarazada; no puedes adelantar casarte; no puedes acelerar tu éxito; no puedes retrasar tu divorcio; no puedes llegar antes de tiempo a ningún lugar; no puedes adelantar conocer al amor de tu vida, ni retrasar la partida de tus más amados. El mismísimo momento de tu muerte lo has elegido con opciones. En todas las áreas, nunca rebasamos un plazo divino que es, nos demos cuenta o no, para mayor beneficio.

7. La misión de vida ayuda a tu despertar individual y colectivo.

Todas aquellas experiencias de vida y de aprendizaje por las que pasas sirven tanto para tu despertar personal, como para el beneficio de todas las personas que vienes a tocar. De nuevo, ¡todo cuenta, todo suma, todo tiene un propósito, pero ahora doble!, ya que te ayuda a ti y le ayuda a los demás. Algo así como: ¡1, 2, 3 por mí y por todos mis compañeros!

Estas dos áreas suceden al mismo tiempo porque "todas las mentes están conectadas", dice Jesús en *Un curso de milagros.* Cuando aclaras una idea que antes te lastimaba, ahora ya no es un ataque para el mundo. Tu despertar ayudará al despertar de todos. Profundizaré sobre esto en el siguiente capítulo.

Como ves, la misión es algo mucho más grande que "dónde trabajo" o "dónde haré más dinero." *Los resultados que ves dependen del nivel de conciencia con el que vivas una experiencia.* Es decir, si pasas por una experiencia de divorcio, de cualquier manera ya habías elegido pasar por ahí; la diferencia es que esta experiencia va a servir de dos maneras:

1. En tu misión personal: para que en tu *misión de vida individual* pongas en práctica el amor por ti misma, para que aprendas a darte tu lugar y sepas marcar límites sanos.

2. En tu misión de vida colectiva: sirve *en conjunto* porque así las personas que conocen a esa mujer (u hombre) que antes les parecía tan encantadora o buena, con su divorcio los hace confrontar juicios en todos los niveles; ahora, por ejemplo, no pueden recibir los sacramentos, o pensaban que el divorcio era un fracaso, mas

cuando te ven vivir esa experiencia, les ayuda a cuestionarse y concebir otra realidad. Tu divorcio los ayudará a trabajar en sus juicios morales hacia los divorciados. Con tu ejemplo enseñas cómo lo vives, y logras que cada vez menos personas hagan un juicio hacia las mujeres divorciadas y con hijos, por ejemplo. Éste es tan sólo un caso de cómo tu vida personal ayuda a otros a trabajar en sus prejuicios, lo que resultará en una verdadera libertad. De rebote, tu experiencia ayudará a otros, pues colectivamente ayudas.

Así puedes comprobar cómo *todo lo que haces tiene un efecto en otros*. Por eso me gusta tanto recordarles que **tú tienes el poder de cambiar la vida de otros, al cambiar la tuya**. Sana y ayudarás a la sanación de todos.

Por eso, cuando se trata de tu misión de vida, ayudará al *despertar colectivo*. Y tenemos tanta ayuda, TODO el amor incondicional de los ángeles y arcángeles benefician mágicamente a todas las partes por igual. *Así de grande es el poder del amor... el poder de Dios.*

3. Cómo empezó mi vida con los ángeles

Tu misión de vida y el mágico 7

"Conocemos todos y cada uno de tus miedos,
cada una de tus lágrimas invocan a Dios.
Serás liberado de todos ellos,
pues ésa es la voluntad de Dios."

Canalización de Arcángel Raguel

Cuando tenía siete años, mi familia y yo hicimos un viaje a Michoacán, México, para ver las mariposas monarca. ¡Qué maravilloso espectáculo de la naturaleza ver tantas mariposas en su hábitat natural! ¡Verlas volar alrededor de nosotros y en todos lados! ¡Es impresionante ver cómo las ramas se doblan de tantas que hay! Eso, de entrada, era ya en sí una señal para mis mágicos siete, ya que *ver seres alados como las mariposas es una señal de que los ángeles te están escuchando y cuidando.* De hecho, mi acuerdo con ellos hasta el día de hoy (tú también puedes hacerlo) es que me muestren mariposas para saber que están conmigo guiándome, no importa en qué parte del mundo esté o en qué forma lo hagan, ésa es para mí una señal de ellos. Que las vea en vivo, dibujadas, en estampas, en artículos —¡siempre tienen formas muy creativas!— lo considero como la "batiseñal", o mejor dicho la *angelseñal*; bueno, de cualquier manera Batman es un ser alado, lo aceptaría (ja, ja, ja).

En este caso, tantas mariposas anunciaban que era un momento para *tocar mi misión de vida*, como sucede a los siete años (y también en cada década de tu vida). Para mí, eso indicaba que venía algo intenso e inesperado que no había vivido aún. Ellos sabían lo que venía. Después de ver a las hermosas mariposas, nos quedamos en un hotel con albercas termales. Los beneficios del azufre para la piel; hacía que la alberca se viera en tonos amarillos intensos, no claros. Mi hermana y yo estábamos nadando con mi papá, cuando repentinamente *SUPE* que había un niño "en el fondo de la alberca." Los ángeles querían ayudar a ese niño y a sus padres, y aunque yo no entendía, me acerqué a mi padre y le dije lo que sabía, y él extrañado me preguntó:

—¿Viste a un niño irse al fondo de la alberca?

—No.

—Entonces, ¿cómo lo sabes?

—No sé –respondí.

—Pero entonces, ¿por qué dices eso?

—Pues, porque está abajo y quiere *salir*.

Obvio, a mi papá no le hacía sentido nada de lo que yo decía... y me preguntó tratando de entender:

—¿Dónde está el niño?

—Allá –señalé con la mano en la dirección que veía en la imagen en mi mente.

Él se agachó e intentó buscar al niño de inmediato, pero el agua se veía muy turbia por el azufre, además de que había mucha gente en la alberca que se cruzaba por todos lados.

—Pues no se ve nada –dijo.

—Papá, el niño está ahogado– le respondí.

—¿Qué? ¡¿Cómo es que sabes que está ahogado!?

A ambos nos sorprendió que usara esa palabra tan fuerte, nunca había tenido una experiencia relacionada con eso. Al instante, mi papá nos cargó a mi hermana y a mí y nos sacó de la alberca abruptamente, nos llevó donde estaba mi madre, y ya afuera, recuerdo que se agachó para quedar a mi altura y verme a los ojos. Los dos goteábamos, y me volvió a cuestionar, angustiado y con cara de consternación:

—¿Tú lo viste, Tania? ¿¡Tú viste al niño ahogarse!?

—¡No, papá, no lo vi!

—Entonces, ¿¡por qué dices eso!?

Yo recuerdo que lloraba y no sabía explicar cómo lo sabía, no quería que pensara que inventaba algo, ¡pero tampoco podía decir que había visto suceder el accidente!, sólo *sabía que lo sabía*, esto es una habilidad psíquica llamada *clariconocimiento*. A esa edad no tenía ¡ni la más remota idea! de que tuviera un nombre. Mi papá, al verme llorar, se paró y rápidamente nos entregó en brazos de mi madre, se echó a correr mientras le gritaba que ¡nos detuviera y que NO nos dejara voltear!

Me había pedido una vez más que le indicara dónde estaba el niño y se dirigía en esa dirección velozmente, decidido a buscarlo. Al mismo tiempo dos hombres se lanzaban a la alberca. Por fin, sacaron a un niño ahogado, con un brazo estirado hacia arriba, tieso ya, de seguro en su intento por salir quedó en esa posición. Sus padres lo estaban buscando desde la noche anterior; él había caído a la alberca y desafortunadamente nadie lo había visto. Él quería *salir* y los ángeles me dieron el mensaje para ayudar al niño y a sus padres. Alrededor del niño se hizo un tumulto, todos trataban de ayudar. La gente en la alberca murmuraba y todos estábamos impactados por

el hecho. Yo nunca conocí a sus padres, ni supe que lo estaban buscando, los ángeles simplemente lo ayudaron a él y a su familia a que lo encontraran.

Te comparto esta experiencia personal, así como otros ejemplos personales en mi afán de ayudarte a comprender los temas que voy explicando, para que cada vez te parezca más normal la forma en la que los ángeles pueden entregar sus mensajes, y que veas más natural la convivencia con tus ángeles. Así he aprendido de ellos. Por eso insisto en que es natural ser guiados por el mundo espiritual.

¿Qué tiene que ver este hecho con entender la *misión de vida*? ¡TO-DO! Con esta anécdota puedes reflexionar y darte cuenta de por qué explico que:

> "Tu misión de vida está contenida
> en lo más NATURAL EN TI."

Lo más natural en mí era ser ¡psíquica! No lo forzaba, no intentaba saber ni demostrar nada, sólo sucedió. ¿En tu vida qué cualidades suceden así? Está tan en tu naturaleza que por eso no te das cuenta de que es un **gran talento**. Llevas viviendo toda un vida con tus más naturales talentos, ¿lo puedes ver? En la forma en la que actúas, en la forma en la que resuelves, en tus más grandes pasiones, en la forma en la que piensas o creas, en tu determinación, en tu sensibilidad, en tu capacidad para atender a otros, en tu capacidad para escuchar, para observar, para analizar, para concretar y ser de utilidad para otros.

¡Lo que vienes a hacer en tu **misión de vida** tiene que ver con tus talentos y habilidades NATAS!, más que con las habilidades que aprendes. Ambas, desde luego, son importantes, pero lo que es natural en ti ¡siempre está presente!

Éste es un claro ejemplo de cómo las *situaciones* que han pasado en tu vida —de las cuales NO comprendes el porqué— sucedieron en ese entonces. Hoy con mayor conciencia te puedes preguntar *¿para qué* pasaron? Tal vez en el momento no te des cuenta ¡**de la importancia que tendrían en un futuro!**, pero *la vida* se está encargando de transformarte. Hoy podemos echarles otro vistazo, ya que sin duda están conectados con los regalos naturales que vienes a dar en tu misión. Hoy, viendo tu vida hacia atrás, puedes empezar a preguntarte ¿**para qué** ese determinado suceso o determinadas cosas te pasaron?, ¿qué tendría que ver eso con tu misión de vida? Recuerda, como vimos en el capítulo 2, todo tiene un propósito.

Y reflexiona, cuando tienes que *resolver un conflicto* o *situaciones de emergencia*, ¿qué es lo primero que haces para resolverlo?, ¿qué "se chispa" en ti?, ¿qué es lo natural en ti?, ¿analizas la situación?, ¿eres de los que ven la vida como un tablero de ajedrez? Entonces, tal vez seas muy buen estratega, muy bueno planeando, o ¿actúas impulsivamente o intuitivamente? Recuerda, todo lo que hayas vivido ocurrió en el tiempo perfecto para que sucediera. Entre más *dormida* la conciencia, pensamos que *son coincidencias*, ajá, como haber estado en esa misma alberca, ese mismo día, justo en que el niño y su familia iban a estar ahí, ¡en ese preciso momento!, no antes, no después.

No vivimos en un universo aleatorio, lleno de caos; todo tiene un orden perfecto, por eso, lo que la mayoría llama coincidencia, a mí me gusta llamarlo *dioscidencia*, pues *lleva la firma de Dios y derrama bendiciones para todos los involucrados.*

La situación donde **tocas tu misión de vida**, tal vez, algunos la vean con más claridad al reflexionar "cómo hice para sobrevivir a esa bancarrota" o a "la desolación de un divorcio", "al accidente que me dejó casi muerto pero aún vivo", o esa situación familiar que no sabías cómo resolverla, pero ¡resolviste y seguiste de alguna manera! Y ¿para qué?, ¿para qué tenían que ser así las cosas? Piensa, ¿con qué juicios te hizo lidiar?, ¿qué te empujó a sanar u observar? Así, tu manera de actuar —la más natural— englobará tus habilidades, tus fortalezas, tus dones, los retos que te harán crecer y salir de la zona de confort en la que estés, aunque eso no signifique necesariamente *confort de placer*, sino que ¡necesitabas aprender o recordar **algo**! que te moviera del desamor, de la apatía, de no creer en ti, de no valorarte como madre, padre, como pareja, como empleado; de modo que la experiencia es el mejor maestro. No te asustes ante los cambios, están hechos para pulirte.

El común denominador que contienen esas experiencias es que nos recuerdan que no nos podemos quedar estancados nunca. Cada vez que tocas tu misión de vida, la vida te dice "CRECE, es *momento para valorarte*, momento de CRECER." Y si pides ayuda al poderoso y contundente **Arcángel Miguel**, irás dejando que se te devele cada vez más rápido el propósito de las cosas, que comprendas más y, por lo tanto, vivas con mayor paz, sea cual sea el resultado.

Eso no significa que no vivas tus duelos. Es muy importante que te des permiso de vivirlos. ¿Cuál es la diferencia? Que ahora comprendes que todo tiene un propósito y que aunque no alcances a verlo ahora, ya eres diferente; sabes que no quedarás tirado en el dolor. Sabes que seguirás adelante aunque duela mucho hoy. Tu decisión de **aceptar tu misión** derrama infinitas bendiciones escondidas para ti y para otros; y las comprenderás, a veces de inmediato, otras con el tiempo y otras... ¡ya las estarás entendiendo más pronto de lo que crees!

Esa situación con el niño ahogado fue una de las tantas pistas que me sucedieron a los siete y que mostraban parte de mis talentos NATOS. Ahora con este ejemplo y mil ideas que seguro ya vinieron a tu mente, puedes cerrar los ojos y hacer memoria, pregúntate:

¿Qué estaba pasando en mi vida a los siete?

Toma una pluma y deja que tus ángeles te guíen en los primeros recuerdos que lleguen a ti. Como sea que vengan y con el orden que lleguen, no importa, todo cuenta. Puedes nombrar al **Arcángel Miguel** y pedirle:

Amado Arcángel Miguel,
ayúdame a recordar aquello que ahora me podría
ayudar, ¿qué necesito recordar de mí?
¿Qué he venido a dar?

Anota lo primero que llegue a ti, no lo juzgues y continúa escribiendo. Escribe incluso un cambio de ciudad o varios, dónde vivías, con quiénes vivías, ¡esas personas son claves en tu misión! Grandes lecciones de tu vida elegiste aprenderlas con esas personas. Cambios de casa, de colonia, de escuela son importantes, ya que ahí estarán las vidas de las personas que iban a influir en ti y a las que tú también ibas a tocar.

Todo funciona como parte de una maquinaria perfecta, para que estés en el lugar donde se desarrollarán tus dones y en el contexto perfecto que necesitabas para sanar. Muchos jamás hubieran sido doctores, si no hubieran elegido a esa familia, donde te iban a ayudar e influenciar para que así fuera, o por haber conocido a ese novio o amigo que te hizo cambiar tu visión y te decidiste a estudiar lo que estudiaste, aunque después ese amigo o novio saliera de tu vida.

TIP para ti y los familiares

Hablar, sentir o ver ángeles siempre formó parte de mi historia y de lo que venía a hacer en mi misión de vida, pero *lo que hizo la diferencia es cuando pude empezar a hablar de manera más clara*, cuando pude empezar a explicar mejor lo que **sabía, veía, escuchaba o sentía**. Todas son formas a través de las cuales se comunican los ángeles. Así que toma en cuenta:

• **A los tres–cuatro** años puedes notar cosas que te llaman la atención de tu **bebé.**

¡Pon atención! Todo cuenta, escribe lo que llame tu atención. Si pides ayuda a sus ángeles de la guarda, y sobre todo al **Arcángel Gabriel**, su guía será mucho más clara y contundente para ayudarte a encausarlo en sus talentos por misión. Si ha empezado a *hablar*, a medida que articule mejor sus ideas y las exprese con mayor claridad, puedes empezar a hacerle preguntas. Y para ti, tal vez si tus padres viven, también puedes acercarte y preguntarles. ¡Siempre es bueno intentar!

• Cuando tienes siete años de edad, varios hechos muestran lo que has escogido hacer por tu misión de vida.

¡Los siete es *una* de las edades, en las que TOCAS TU MISIÓN DE VIDA! Tus más grandes retos que elegiste y las habilidades que tienes se develaron en esa edad. Lo *mayores problemas* a esa edad indican las heridas o las grandes áreas que vienes a trabajar, a sanar como sucesos con papá y mamá.

• Cuando somos niños, recordamos mejor nuestra misión.

A lo que nos anotamos y la forma que la misión tomará se entenderá claramente con el tiempo. Toma nota de los acontecimientos que marcaron o fueron importantes en tu vida. Nacimientos de hermanos, cambios de casa, cambios de escuela, cambios de país, accidentes o enfermedades. *Pide ayuda a tus ángeles.* Te será más fácil que traigan el recuerdo importante al que necesitas acceder. Ellos lo pueden traer fresco a ti —o a tus padres o familiares—, como si hubiera sido ayer. ¡Te sorprenderás con los recuerdos que pueden llegar a ti!

Un año, o dos antes, y un año después de que tocamos misión de vida —o sea, cinco, seis y ocho— son años importantes ya que te **dan pistas** y te preparan para ese momento. Te recomiendo que hagas memoria, preguntes a tus papás, familiares lo que recuerdan que pasaste en esa época, o bien si además tienes hijos, sobrinos, primitos. Es una gran oportunidad para que les preguntes a los niños cercanos a ti cosas como:

   • ¿Qué vienes a darle al mundo (*nombre de tu hijo*)?
   • ¿Qué vienes a darnos a nosotros tus papás?
   • ¿Qué vas a hacer cuando seas grande?

Para ello te sugiero usar un tono suave. Puedes hacerlo cuando estén concentrados en un juego, así no pensarán mucho en la respuesta, sólo desearán contestar y seguir en lo que están. Hazlo desde que empiezan a hablar, o a articular ideas claras. Pueden contestar cualquier cosa, pero pon atención a su primera contestación y a lo que repiten de manera más constante. Mi madre me hizo esa pregunta y de manera muy natural dice que le contesté:

"Vengo a ayudar a sanar a las personas."

"¡Ah!, ¿Entonces quieres ser doctora?", dijo. Alegre, mi madre, le hizo saber a mi papá lo que le había dicho. Fue entonces que con gran alegría recibí un nuevo tipo de juguete, mi padre me compró un juego de doctor, que incluía un estetoscopio de juguete para escuchar el corazón de mis pacientes. ☺ ¡Yeiii!, actividad que realizo al día de hoy, aunque de distinta manera en los cursos y, claro, *la sanación* que hago ¡no era la que ellos pensaron! Pero, sin duda, la medicina espiritual, unida a la comunicación del mundo sutil de los ángeles y de los seres amados fallecidos, era parte de mis *talentos* natos para ayudar a crecer la conciencia colectiva. Es lo que había elegido venir a estudiar, practicar, enseñar apasionadamente y sigue siendo mi pasión día tras día. Así que por más raro que te parezca(n) tu(s) talento(s), o los percibas como poco importantes, **deja de hacerlos menos** y sólo acéptate en lo que sea lo más natural en ti. Hónrate aceptando tus talentos.

Es el fondo, más que la forma. ¿Cómo se empieza?

Toda tu vida te han ayudado de miles de maneras, y siempre lo harán, sólo que a veces nos perdemos en la historia, nos sentimos impotentes y olvidamos *en qué* radica nuestra seguridad. *Tal vez te tome tiempo pero, te des cuenta o no, tu vida es una historia de amor.* Toda historia o experiencia que elijas vivir te ayudará a despertar el amor.

En la historia que elegiste, los negros, los grises, lo más colorido de tu vida, lo que crees entender y lo que no, lo que tú has llamado fracasos, tus peores momentos de dolor, todos y cada uno de los obstáculos con los que te encuentras, todo lleva a la ilación perfecta, un camino de huellas que ya fueron impresas para ti. Huellas que imprimió el amor y todo está convergiendo para que sanes, sanador.

De lo que te hablo es de lo que he aprendido, no desde un libro, sino desde mi experiencia de vida. Atreverte a ser quien eres implica que te aceptes primero tú con los regalos que tienes.

Ser tan psíquica me ha *forzado* a crecer y he aceptado día tras día *mi propia sanación*. Ahora, sea cual sea tu talento, tu vocación o vocaciones, también en medio de ellas, sea lo que sea que hagas, el camino que elijas es el que ayudará más a tu *sanación*, por eso te lo concedió Dios. Dar tus talentos te pone en las situaciones donde más aceptarás *ceder el control* y aceptar un plan mayor. Ésa es la verdadera *causa* de lo que vives. Aunque venga disfrazado en la forma de una carrera, de ir todos los días a un trabajo, de ver nacer a un nuevo nieto, aprender a mejorar tu alimentación debido a esa enfermedad, etcétera.

En las conferencias que doy, mucha gente que ha estudiado algún tipo de sanación, o muchos de los terapeutas que he certificado, me preguntan cómo pueden dar su terapia de una mejor manera con ángeles, cómo hacen para que lleguen más pacientes, o si les podría decir si deben renunciar a su trabajo para dedicarse a dar terapia con ángeles, u otro tipo de terapias, de *reiki* o sanación. La respuesta con la que los invito a reflexionar primero es que se aseguren de que esas preguntas no sean *distracciones del ego* para posponer el inicio de dar terapias. Si esperas hasta que te sientas listo, puede pasarte la vida entera enfrente y posponer tu felicidad. Tener un don no significa que no sea necesario prepararte a conciencia. A pesar de que tú y todos estamos en un proceso de sanación, al cuestionamiento "¿cómo hacer para dar mejor su terapia o hacer mejor su trabajo, en general, con *el don* que se les ha dado?", yo respondo con la siguiente frase:

"Sé el terapeuta que desearías tener."

Sólo que **el mejor terapeuta es el que está comprometido con el deseo de sanar él mismo.** Conviértete en el sanador que ha sanado o desea sanar. Si elijes sanar todos los días de tu vida, tu sanación podrá ayudar a otros en tu camino. Independientemente de *cualquier tipo de terapia* o servicio que se te ofrezca u ofrezcas. Que ese terapeuta, sanador, arquitecto, consejero, madre o padre de sus hijos, se dedique a traer luz a sus partes más heridas, más ocultas y dolidas; eso hace que uno crezca en compasión, *primero hacia uno mismo*, para que entonces puedas comprender la dimensión del dolor de un hermano, de un hijo y crezca el deseo de servir a otro, pero *el verdadero sanador sabe que no necesita SUFRIR con él*. Ha probado las gotas de su propio dolor y las ha convertido en compasión. Ahora, cada herida se convierte en una herramienta.

Una idea equivocada, y que he visto que mucha gente tiene, es creer que un "verdadero sanador" o una "persona espiritual" ya no tiene "problemas". Que no se enferma, que todo le sale bien, que nunca sintió temor y que hasta ¡bosteza con olor a lavanda!

> Un verdadero sanador no desea quitar las piedras que un día le pesaron, ya que hoy se convierten en el camino empedrado que lo sostiene.

Desde mi punto de vista, **el verdadero sanador no es el que ya no tiene problemas, sino el que realmente está comprometido en aprovechar esos problemas como oportunidades de crecimiento**. Por lo tanto, puede crecer TODO el tiempo. En las terapias, me he dado cuenta de que sana más rápido no el que tiene "menos problemas", sino el que desea, por encima de todo, *ver*; el que por su libre albedrío reconoce que tiene ALGO importante que sanar y le dedica tiempo.

Tal vez no muchos entienden que, en medio de ese cáncer, tendrá sus mejores reflexiones de vida, que ese cáncer le rescatará de la verdadera muerte o la condena en la que ya vivía. Tanto en la terapia angelical como en los cursos, he visto a alcohólicos que han valorado a su familia sólo hasta después de estar justo al borde de la muerte o tras humillar y lastimar a las

personas que más querían, siendo eso lo que hizo que por fin, por su libre albedrío, se abrieran a buscar ayuda, y los ángeles estaban listos para envolverlos y contenerlos en su perfecto amor, era el camino que eligieron para rendirse a algo superior. Recuerda... "todo tiene un propósito".

Cambiaremos de *forma* muchas veces y jugaremos todos los roles. Tú serás el maestro en algunas y recibirás lo que hayas dado, honrado y valorado. En otras ocasiones, serás la amante, la esposa o el infiel. Todos los papeles los jugamos. Todos estamos pidiendo y teniendo lo que necesitamos para despertar. Cada terapia de ángeles te lleva a reafirmar con gran admiración cómo la vida es un plan perfecto, lo comprendamos en el momento o no.

Lo que vemos como problema dentro de sí lleva la oportunidad, la bendición que te ayudará a despertar. No importa cómo se vea desde afuera, no importa quién lo entienda o no, tal vez algunos te juzguen, tal vez a otros los juzgues tú, otros se sientan ahogados en pena o lástima, eso sólo es porque *aún no recuerdas lo suficiente.*

"Todo lo que vives es un camino para encontrarte
en tu versión más valiosa."

Tú elegiste este libro desde tu intuición y porque tus ángeles desean ayudarte a sanar y a descubrir de manera más consciente tu misión de vida, como lo vimos con tus talentos que se muestran desde tu niñez.

"Sanador no es el que no tiene problemas ni retos,
es el que ya no está dispuesto a perderse en
su propia ceguera."

O sea, ya no quiere hacerse pato, sino que quiere despertar con todo su ser. Los dones que te son concedidos serán lluvia de bendiciones para otros. La forma en la que cada quien los entregará será distinta y única, pero toma en cuenta que cuando los das, te realizas.

¿Qué pasa si estudié o trabajo en algo que no tiene nada que ver con lo que más me gusta?

¡No hay forma que no tenga nada que ver! ¡Todo suma! ¡Todo cuenta! En medio de ese aprendizaje de técnicas, modelos o datos, estuviste donde tenías que estar y toda tu vida has estado en el lugar adecuado, rodeándote de las personas perfectas, los maestros, como ya vimos en el capítulo anterior, que necesitamos a los maestros *amorosos*, a los *rasposos* o a los *tormentosos*, que a lo largo de toda tu vida se te han estado revelando, te han estado llenando de respuestas... y de preguntas.

Con esas preguntas tan necesarias e importantes que, al hacértelas, dabas paso, ABRÍAS otro capítulo de tu gloriosa vida. Los ángeles sabían que estabas para las respuestas. Cada vez que realmente quieres saber y recibir ayuda para tu crecimiento, las respuestas son reveladas. Te ayuda a ti y a todos los involucrados. Por más extraña que tu profesión u ocupación parezca, que pienses que no tiene nada que ver con tus talentos y anhelos espirituales. O, aunque no tengas profesión alguna, ¡hasta eso encaja perfecto! Claro que tiene que ver. Para mues-

tra, un botón: ¿¡qué carrera podría haber estudiado para dedi-carme después a ser psíquica y a hablar con ángeles!?

Tus estudios, tus trabajos e intereses son muestras de
tus talentos naturales con los que llegas a tu misión.

¿Qué estudiaste? Y no sólo me refiero a una carrera. Piensa en la primera materia o los primeros temas que te hayan interesa-do. ¡Seguro hay temas de los que te gusta saber más! ¿Algún otro? ¿Cuáles eran tus *hobbies*? Puedes hacer una lista para darte cuenta de tus intereses y afinidades.

Sobre todo, si no tenía nada que ver con lo que estudia-bas en ese momento o te costaba un esfuerzo extra de tiempo o de recursos saber de esa materia o sacar adelante algo. Puede ser desde dedicarte a leer un libro, aprender por videos, trabajar más por algo o escuchar acerca de algún tema en particular.

Yo estudiaba la preparatoria por las tardes y por la ma-ñana me encargaba de ver cosas de la casa —hacer el súper, ver qué se necesitaba para la comida—, hacía tarea y después (la tarea más alegre), iba a recoger a mi hermano menor a la es-cuela, al cual le llevo siete años. Tenía mañanas muy ocupadas pues mis padres trabajaban en ese entonces.

Apenas tenía tiempo, pero decidí inscribirme a una cer-tificación adicional. Por sugerencia de una querida maestra, la cual me había ofrecido mi primer trabajo formal, que llegó a mis dieciocho, como **maestra** sustituta de inglés y de espa-ñol para niños de primaria. Cuando una maestra avisaba de último momento que iba a faltar, me llamaban alrededor de las 6:00 a. m., y tenía que salir corriendo a cubrirla. Así llegó mi

primer trabajo formal. De nuevo, gracias a ella, que pensó en mí para esta certificación, me inscribí para formarme como *teacher*. ¿Coincidencia? ¡Ajá!, pues no, porque años después se conectan los puntos, ¿no? A los diecioho vuelves a tocar misión de vida, revisa lo que pasa allí.

Entonces, los viernes por la noche mientras mis amigos salían de la escuela, yo me quedaba tomando clase y también iba los sábados por la mañana. Era un esfuerzo adicional aprender inglés en diferentes níveles educativos, se trataba de ser maestra para dar clases a muy distintas edades. Practicábamos con alumnos desde kínder hasta secundaria. ¡A practicar! (No sabía que años después me dedicaría a ser maestra y dar distintas clases... aunque no precisamente de inglés; mas esto también ha sido y será muy importante en mi misión y formación.)

¿Te das cuenta? ¡Años antes NO lo identificas, pero está sucediendo! Más que el inglés, me estaban preparando para pararme frente a grupos, para ser maestra y darme las tablas que necesitaría. Por eso, lo que tú vienes a dar, tu preparación de vida, está perfectamente diseñada más de lo que alcanzas a imaginar y por más que te resistas... afortunadamente sucederá.

El *plan perfecto* estaba diciendo:

1. Tienes vocación como maestra (hablar en público), te vamos a empezar a entrenar.
2. Vienes a entender y a sanar el tema de ser mamá, pues lo tuve que ser un poco, de manera anticipada, y así crecí observando las cosas de otra manera.

Si te ha tocado vivir ese rol, es por razones importantes y te deja una influencia de vida. Para todos los que "les tocó" cuidar de sus hermanos, o por ausencia de un padre o madre, o ser el responsable de cuidar de su madre o padre.

¡Eso te hace una persona diferente a la que hubieras sido! Eso SUMA a tu vida, con eso muy probablemente tocaste tema de misión de vida. Hoy puedes voltear atrás y empezar a verlo de manera positiva con un nuevo significado.

La experiencia de vida es la mejor maestría, es lo que más adelante te ayudará a tomar decisiones, así creces con lo que aprendes, de manera que crecerá lo que podrás dar. ¡Todo tiene un propósito!, ¿lo ves?

Tu carrera universitaria y tu misión

En la Universidad estudié la carrera de Economía. Me gustaba pensar que podía ayudar a otros por la parte social de la economía, ayudar al bienestar de mi país. Me encantaba estudiar sobre los índices de pobreza y su erradicación, estudiar a grandes filósofos como Platón, Aristóteles, Sócrates, hasta los más modernos. Y todo eso, ¡claro que suma!, me aterrizó, me dio visión y un rato de usar el hemisferio izquierdo del cerebro, ¡no cae mal, verdad!? En términos de chakras, (chakras son centros energéticos en nuestro cuerpo. Significan "Rueda" en sanscrito debido a que la energía gira en forma circular. Hago referencia de ellos como herramientas que usamos para procesar información del mundo), en vez de pasarme la vida en el séptimo chakra meditando, iba a necesitar esas bases de *orden terrenal*. Como ves, todo está conectado y siempre estamos evolucionando. Todo encajaba en el modelo: economía para ayudar a mi país, pensaba yo, pero ésa, sabía Dios, no era **la forma**.

El mensaje que te quiero enviar es: **no te enfoques en la forma, ésa se dará sola**, enfócate en tu deseo de dar, de resolver, de despertar. En su momento, harás *la transición* y varias veces, no sólo una, aunque sea distinto trabajo, no cambia tu vocación, en cambio, sí vas sumando o descubriendo más vocaciones. Por eso les repito tanto en mis cursos:

> No pidas trabajo, pide que Dios te coloque donde
> ayudarás más y por añadidura será donde recibirás más.

Es cierto que la gente se queja del trabajo. Yo te digo, jamás te cansarás de estar en el lugar adecuado, con la persona adecuada, pues vivirás *inspirado*, lo que significa estar "en espíritu". ¿Y cómo sabes que eres la persona adecuada? Sencillo, porque ese encuentro lo organizó Dios, no tú. Tú pones tu disposición y los mensajeros: tus ángeles, arcángeles, Jesús... *se encargan de reunir a las personas que han de encontrarse*. Estas personas que se regocijarán en dicha con este "casual" encuentro. Recuerda, ellos siempre traen respuesta a tu petición.

Tu primer trabajo... y el segundo y el tercero...

Mi primer trabajo informal, digamos, fue como cerillo en un su-permercado. Era sólo una niña y, bueno... básicamente duré un día. Llegué con mi padre y le dije que ¡había re-nun-cia-do!, él nos había llevado ahí para ayudarnos a aprender el valor del dinero y la cultura del trabajo. Sólo que llegué al final del día y le dije:

—Éste fue mi último día de trabajo ahí, papá.

—¡Cómo, si empezaste hoy! –exclamó entre risas.

—Sí, pero ya aprendí todo lo que podía aprender de esa profesión, papá. Ya no necesito regresar.

Lo que estaba practicando en realidad, y Dios lo sabía, era el SERVICIO, que está en mi tema de misión. A cuántas personas podía ayudar en un día, qué alegría, sólo que... puedes dar más.

La vida siempre te va llevar a donde aprendas
más o a donde sirvas más.

Y tal vez no será en algo que tenga que ver con tu carrera, ¡los estudios, sin duda, servirán!, pero lo que hará la diferencia será tu DESEO DE SERVIR.

Conecta con tu misión de vida

Ahora llena la tabla con tus datos de vida para tener más detalles de tus talentos naturales.

Datos de tu misión de vida	Describe:	¿Qué dice de ti?	¿Cómo se conecta con lo que vienes a aprender, con tu misión y lo que necesitas sanar?
Datos relevantes a los 7 años			
Temas de interés en la infancia			
Primer "trabajo" de niño o informal			
Primer trabajo formal			
Estudios, cursos de interés			
Estudios superiores			

4. Las etapas en tu misión de vida

"Crees que estás despierto,
cuando aún vives en un profundo sueño,
hay momentos en los que te das cuenta
de que sólo es eso, un sueño,
y ahí nos encontramos,
y entre sueño y sueño,
te velamos y te amamos."

Canalización de Ángeles de la Guarda

Las etapas que encontrarás en tu misión

Partamos de lo más sencillo, aunque no siempre tan claro. Haber elegido **las lecciones y los aprendizajes** que querías vivir aquí en la Tierra, ¡NO significa que TENGAN QUE SER DOLOROSOS! Significa que hay temas que todavía no comprendes, que tu forma de percibir ese tema, o esa área de tu vida, no está vibrando en toda la abundancia posible, o no has aprendido a darte amor en su máxima expresión, que no comprendes aún que *la salud es tu estado natural de ser*, o todavía no sientes que mereces lo mejor.

Hay áreas en las que te sientes más atorado que en otras. En el área de la pareja, del dinero, del éxito... sólo que el AMOR INFINITO que cuida de ti, a través de los ángeles, te ayudará a ¡CRECER EN TODAS las áreas!

"Deseamos vivir ciertas experiencias hasta
comprenderlas sin juicio alguno."

Cuando decides aprender esas lecciones y sanar, el mundo espiritual realiza ese plan de la mano contigo *antes de nacer*, sólo que ellos sí saben lo que necesitas, ya que Jesús, los arcángeles y ángeles no tienen *ego*, como los humanos. Ellos son totalmente amor, sin pizca alguna de miedo o de juicios, sólo amor.

Por lo tanto, desde el amor te dirigen y te guían. Nosotros hacemos ese plan con *su* ayuda. Los ángeles velan ese plan divino para tu mayor beneficio. Por eso nunca estás solo, ya sea en tus peores o mejores momentos, ellos te cuidan, te consuelan o celebran contigo aceptando el plan que trazaste.

Literal, he visto cómo les aplauden a algunos de mis pacientes para hacerles saber que han tomado decisiones correctas en su camino. He visto cómo los influencian, sin que se den cuenta de "tomar otro camino en vez de ese donde iban *a tropezar* en la vida", o cómo reúnen a personas que por misión de vida se van a enamorar o a casar...

Ahora, ¡esto se pone más interesante!, ademáaaas de querer aprender hermosas lecciones y de despertar *de un sueño de dolor*, elegiste que TU VIDA SERVIRÍA PARA EL DESPERTAR DE OTROS. Es decir, que tu vida viene a influenciar de infinitas formas la vida de otros, sobre todo de los más cercanos a ti. Con ellos haces los acuerdos, o *contratos del alma*, más fuertes y con quien(es) vivirás los momentos de MAYOR REALIZACIÓN, así como los que, en su momento, sentirás como los más fuertes o dolorosos.

Puedes vivir la misma experiencia que elijas, como pasar por un divorcio, pasar por la experiencia de una traición, sentir carencias económicas... pero, como Jesús asegura en *Un curso de milagros*:

"Una mente sin entrenar, no logra nada."

Por eso elegimos repetir muchas veces una y otra vez las mismas experiencias de distintas maneras hasta que podamos ver las cosas como realmente son, y al aprender a ver sin juicio, sanamos esa parte de nuestra mente que veía dolor o ataque.

A medida que por tu libre albedrío ya no quieres más estar en tu ceguera, o en un matrimonio sin amor, o por fin aceptas la ayuda de tus ángeles, ¡que se te olvidaba pedir!, o al fin ACEPTAS QUE MERECES AYUDA, suceden los milagros. Así cada vez necesitas menos experiencias dolorosas, porque cada vez menos las interpretarás de esa forma.

"Todas las experiencias que vives te ayudan a crecer en conciencia."

Te anotaste para llevar acabo tu misión de vida en dos grandes formas:

Tu misión PERSONAL

Tu misión COLECTIVA

Cada vez que una persona acepta sus dones, o se deja guiar, está aceptando la ayuda de sus ángeles. Esas decisiones SE MULTIPLICARÁN en abundancia para esa persona y traerá bendiciones

y regalos no sólo para él, sino para TODOS los involucrados y para TODAS las personas que viene a tocar.

Es como cuando un enfermo sana. Necesitó sanar una parte de su mente PARA ACEPTAR la salud, y ahora *su bienestar* se extiende de manera natural a sus familiares. Puede apoyar a otras personas que antes no podía por su estado emocional, físico o energético. Ahora se ha levantado y en su camino tocará la vida de más personas desde una mente que ha sanado. El efecto se multiplica.

¿Si estoy enfermo no ayudo?

Aquí es donde puedes ver en acción que todo el tiempo estás cumpliendo tu misión, tanto *personal* como *colectiva*. Sí, sí ayudas. Recuerda que cuando estás enfermo estás pasando por un *proceso*, por el cual todavía no ves las cosas acomodadas, pero el hecho de que estés pasando por eso, como parte de tu misión personal, en medio de esa experiencia que elegiste, no significa que ¡no toques las vidas de varios o de muchos más!

Al estar con esa enfermedad, también te involucras con muchas personas —enfermeras, doctores, tíos, amigos— que en ese momento están contigo, tal vez recibes ayuda repentina de gente que no esperabas, extraños que ves en el hospital... Sucede de muchas maneras... todos tocamos la vida de otros de manera consciente o inconsciente.

En una ocasión, la mamá de un querido amigo entró al hospital. Le habían detectado cáncer y por diversas razones ella tenía que permanecer en cama. Mi amigo me pidió que *le fuera a dar sanación.* Yo me preguntaba, ¿por qué a mis amigos "se le ocurría" pedirme esas cosas a mí? Pues porque los ángeles atraen esas experiencias para que te realices en lo que vienes a hacer. Ellos dicen que "pensaban en mí" para ese tipo de cosas por parecerles "muy espiritual". En ese entonces yo ni siquiera había empezado a dar terapia con ángeles, estaba en mis veintes, e iba a distintos hospitales a ayudar a varios amigos cuando me lo pedían.

Aunque dudes que tienes algo que ofrecer, cuando crees que no tienes algo para dar a tu hermano, los ángeles saben que SIEMPRE nos atraen para una situación GANAR-GANAR.

Asistí al hospital, le di sanación con ayuda de **Arcángel Rafael**. Me dejé guiar, inspirada por ellos, y así fui aprendiendo, de manera natural, en hospitales, en terapias intensivas. Incluso recuerdo a una bebita recién nacida. Cuando entré, la bebé ya no estaba en su cuerpo, la veía "desprendida", flotando encima de él. Era muy doloroso para esa bebita estar en su cuerpo, así que en lo que tomaba la decisión de irse o quedarse, el Arcángel Rafael me explicaba que yo había sido guiada ahí para dar sanación y consuelo a la familia, más que a la bebé, yo no podía influir en su decisión pero sí podía ayudar en lo que podían hacer o transmitir los papás a su bebé en estos momentos cruciales, para ayudar a que ella decidiera, ya que, en este caso, la pequeña tenía la opción de quedarse.

Aunque había tanta inseguridad, tantas dudas, cada vez que ACEPTABA lo que por misión personal me tocaba aprender en ese momento, las personas quedaban contentas y recibían **el regalo de la paz**, independientemente de la situación en que se encontrara su cuerpo físico. De ahí que con cada caso comprendía y me maravillaba de cómo *la paz no depende del estado*

de un cuerpo. Y con cada persona que ayudes a regresar a la paz, la paz te bendecirá a ti.

Este ejemplo sirve para que veas cómo yendo a hospitales, dando sanación, cumplía con mi *misión personal*, DE ATREVERME Y ACEPTARME como era, con timidez, ¡pero... atreverte a dar un paso! Para mí era un paso avanzado. Dar pasos en la dirección de tu misión, en mi caso como sanadora, era una forma de aprobarme, antes de pensar en que el mundo "me aprobara", y al mismo tiempo ayudaba a otros como parte de mi *misión colectiva*.

> Todo está conectado, TODOS estamos conectados. Y, ¡claro!, esos otros a los que ayudaba también dejaban un efecto en mí, que serviría a mi crecimiento, generando un **círculo virtuoso**.

¿Lo ves? Todos los que están cerca de ti están por razones muy importantes, van a dejar un efecto en ti —palabras, hechos, actitudes—, que tarde que temprano te ayudarán a ¡CRECER!

El proceso de misión de vida de cada uno está
destinado a derramar bendiciones
los unos a los otros.

La misión personal: son la serie de hechos que vives, que te ayudan a crecer en conciencia, son parte de tu trabajo interno, tu mundo interior, tu percepción de las cosas y el significado que les das. Tiene que ver con tu decisión de amarte, de honrarte, de valorarte, de asumir cada pasito o pasote que das. Se relaciona con el modelo familiar que quieres sanar, con lo que vienes a aceptar y con lo que no. Tiene que ver con la nueva propuesta que traes a esta tierra. Tu canción.

La misión colectiva: son la serie de hechos que suceden en tu vida destinados a tocar e influenciar a otros. Tiene que ver con las decisiones relacionadas con otros, el ejemplo que das a otros, el mensaje que estás mandando al mundo, con palabras, sin palabras, pero con hechos y posturas. Es cómo te relacionas con el exterior y cómo eso ayuda a incrementar la conciencia y la sanación colectiva.

Los cuatro ciclos que tocas una y otra vez

Si la pudiera dibujar, tu vida tomaría la forma de una espiral ascendente. Creo que no podemos involucionar; nuestro aprendizaje es como una espiral en conciencia, pues **estamos destinados a despertar.** ¿Todos estamos evolucionando? Sí, hay algunos que te pueden parecer muuuuy leeeeentos, pero esto es otra cosa, puedes pensar, "¡Papacito, despierta! ¡Te estás boicoteando!", o algunos cometen actos atroces, que lastiman de por vida a otros, y así, claro, te resulta difícil entender que esas personas estén en un proceso evolutivo.

Pero de nuevo, para entender esto, como Jesús afirma en *Un Curso de Milagros*:

"Una mente sin entrenar, no logra nada."

Cada persona que comete ese tipo de actos, o incluso si fuiste tú el que los cometió, todas las veces que elegiste vivir algo así de fuerte u hostil, esto no sucedió sin que tu libre albedrío haya estado involucrado antes de nacer para un propósito claro, contundente y sanador, aunque hoy no lo recuerdes.

Al final, todo servirá para sanar y para despertar, para llevarte a un escenario más alto de conciencia, a menos que por elección propia decidas quedarte un rato o ratote..., en el sufrimiento, generando un **círculo vicioso** de enfermedad, de carencias, de "cosas malas", ¡que no entiendes por qué te pasan!, ¡por qué no cuajan! Pero recuerda que siempre hay un propósito, lo veremos en las etapas de *transición* en la misión de vida.

Así que, como les repito a mis pacientes, LA BUENA NOTICIA es que *depende de que elijas de nuevo* y aceptes ayuda, ya que ellos tienen una paciencia infinita y respetan hasta que llegue el día cuando *por encima de todo quieras VER y te permitas ser ayudado.*

Si no quieres vivir más ese tipo de experiencias dolorosas, los ángeles te recuerdan que puedes elegir de nuevo, puedes elegir CRECER DE LA MANERA MÁS AMOROSA POSIBLE.

Ahora mismo puedes decirlo en voz alta:

Queridos ángeles y arcángeles que me acompañan
en mi misión de vida, por mi libre albedrío, dejo
sin efecto las peticiones no amorosas que haya
hecho que resultasen en experiencias dolorosas.
Hoy mismo ELIJO crecer de la manera más amorosa y
abundante posible permitiéndome ser guiado en todo
momento, deseando ver lo que no he querido ver,

pues yo, por ser quien soy,

el bendito hijo de Dios,

acepto todo el amor

todos los regalos

que en mí

se multiplicarán a otros.

Así sea, así ya es.

La vida son ciclos

Primer ciclo en tu misión de vida:

1) *Exploración.* Esta etapa comienza en tus primeros años de vida. Todavía no sabes cuáles son tus talentos. En la primera etapa, **LA NIÑEZ**, comienzas a descubrir el mundo y lo que te gusta. Empiezan a notarse tus afinidades y tus talentos. Lo que te gusta y disgusta, lo que tienes un talento nato para hacer. Y a medida que vas creciendo regresas a este ciclo, varias veces para *explorar*, buscar opciones y respuestas.

La siguiente etapa de EXPLORACIÓN sucede en la **ADO-LESCENCIA**, cuando, de nuevo, ¡no comprendes el mundo! Es como espulgarlo de nuevo para *encontrar significado* a todo ¡te parece absurdo mucho de lo que hacen los adultos!: te dicen que seas feliz, cuando no los ves felices a ellos; te dicen que seas responsable, cuando no lo ves responsables a ellos; te dicen qué hacer, pero ellos no lo hacen... Algo en ti explota y quieres empezar a hacer las cosas a tu modo, es cuando quieres diferenciarte de tus papás, amigos y EXPLORAS cómo hacerlo.

Exploras nueva música y no quieres taaanto, digamos, o na-da, los gustos musicales de tus papás; *exploras* nuevas formas

de hablar y surgen estas nuevas palabritas *cósmico-chistosas*, digamos, súper originales, "con onda, ¿ves?" Te inventas claves y saludos de mano *súper buena onda* con tus amigos... etcétera. Todo forma parte de una etapa creativa y psíquica, como la adolescencia, donde estás **explorando** nuevas formas ¡para todo! En el siguiente capítulo hablaré de esa parte súper psíquica que vives en la adolescencia.

Puedes notar la etapa de exploración como **ADULTO** porque es cuando también deseas explorar *nuevas opciones*; por ejemplo, deseas estudiar nuevas cosas, te inscribes a varios cursos de algo que te había llamado la atención antes o a lo que siempre le habías traído ganas, y empiezas a buscar cosas distintas, ¿ahora qué vendo? O se te antoja tomar cursos de meditación, de yoga, de ángeles... A algunos les dará por querer un cambio de *look*, de carrera, el punto es hacer cosas nuevas.

Es cuando se te ocurre que estaría ¡iiiiiincreíble! hacer un viaje a lo desconocido, a la India, China, el Himalaya, Nueva York, Ámsterdam... ¡¡o las Pirámides de Teotihuacán!!, lo que sea, el punto es que sientes que es momento de buscar cosas nuevas, nuevas opciones, de ir a ese lugar lejano donde crees que está sucediendo algo súper *mágico-interesante*..."con onda", es decir, vuelves a querer encontrar esa "ondita coqueta" que sientes que le falta a tu vida de adulto.

En realidad, esa "ondita coqueta" de la que te hablo es un ANHELO PROFUNDO DE TU ALMA por encontrarse con tu vocación, o con una nueva FORMA de ejercer tus talentos natos, ahora como adulto. Estás en su búsqueda, por eso sin darte cuenta lo que buscas son OPCIONES para **realizarte** y para **servir**.

Conclusión: en la etapa de exploración buscas OPCIONES para encontrarte y realizarte en tu misión de vida con las distintas vocaciones que tienes.

Segundo ciclo en tu misión de vida:

2) *Transición.* A estas alturas ya exploraste, ya tomaste los cursos, ya te convenciste de que está padre hacer cambios en tu vida, ya conociste a nuevas personas; a lo mejor ya viajaste pero *energéticamente* traes cosas arrastrando de tu pasado que hacen esos cambios pesados, lentos, que no caminan a la velocidad que te gustaría ver. Te estás acostumbrando a una nueva forma de ver las cosas. Te surgen nuevas ideas y empiezas a perder un poco el control. La forma aún no se resuelve aquí.

En esta etapa trabajas con **perder el control**, con RENDIRTE, arriesgarte. Te mueve el tapete en donde estabas parado. Por ejemplo, un hombre que tiene su empresa, y de repente como resultado de esos cambios y esas nuevas opciones que muestra la vida, como parte de una etapa de exploración, decide que tal vez su empresa ¡no es lo que quiere hacer por el resto de su vida!

Entras en una etapa de transición, donde te cuestionas seguir con algo, o soltar y empezar cosas nuevas. Te ves confrontado con tomar una decisión. Esta etapa es una PREPARACIÓN para que *toques misión de vida*, por lo que todo lo que NO harías solo, como renunciar a una empresa, te ves "empujado" a hacerlo, porque el contexto va cambiando y las cosas se van "desacomodando", en apariencia.

Las cosas suceden de tal manera que parece que la única opción es RENDIRSE a algo que no puedes controlar, que te parece difícil decidir. Empiezas a cuestionarte seriamente qué sería lo mejor para ti.

De ahí pueden llegar enfermedades raras, asuntos de salud que te ves forzado a atender, crisis de pareja, cambios de residencia, o te corren de tu trabajo y no puedes encontrar otro durante un periodo. Son etapas en las que se "desacomodan" las cosas y no entiendes por qué. Puedes sentir que no te hallas, y tienes que **tomar una decisión** al respecto.

Esta etapa trae lo que parecen DESAJUSTES o movimientos al orden y la rutina. Traerán un NUEVO ORDEN necesario para que crezcas y *toques misión de vida*.

Éstas se pueden volver etapas de CRISIS existencial, la antesala a un **gran cambio** que viene en tu vida para bien. Estás en la ETAPA DE TRANSICIÓN, donde vas a dejar cosas que venías haciendo en el pasado y empezarás *formas* nuevas de vida. **El significado** que le vas a dar ahora, de aquí en adelante, tal vez sea lo que necesitas cambiar.

NO necesariamente se trata de que *rompas* una relación o tu matrimonio, o que renuncies a un trabajo, pero SÍ a la forma en que lo ves. Que cambies tu percepción de éste, que veas otro significado al que le das a una pareja o a esa relación laboral, eso SÍ tiene que cambiar para que te acerques más al **verdadero amor**, para que dejes de atacarte a ti mismo, para que crezcas, te vuelvas más fuerte y pleno.

Tal vez es el momento en el que te "ves forzado" a arriesgarte a tomar un crédito y con todo el estrés lo aceptas. Parece que todo te dice "¡hazlo! ¡Aviéntate!" Aplica este ejemplo a aquello que te recuerde cuando asumiste un riesgo, o aceptaste una modificación necesaria, en esta etapa de TRANSICIÓN en tu vida te grita el universo:

"Es necesario un cambio."

Un reacomodo "del tablero" de tu vida. Necesitas moverte, ya que algo que no habías cambiado, entendido o atendido, necesitaba resolverse de manera contundente. Por eso en esta etapa, **físicamente** tienen que suceder cambios como parte de ese ajuste, para que te muevas y cambies tu forma de verte, tu visión de la vida, tus talentos y que aceptes **tu valor.**

Puede ser **en cualquier área**: en cómo ves tu cuerpo, en tu alimentación… es necesario este *rompimiento* con lo que ya formaba parte de una zona de la que no te movías y ya no crecías tanto. Recuerda que eso depende de ti y no de los demás, para que se desate un ciclo de abundancia y de crecimiento total.

Conclusión: entras en crisis existencial, momento en que te ves forzado a cuestionarte en tu vida, "qué quiero", "qué no quiero". Tus ángeles te están llevando al escenario de vida donde serías más feliz, pero es necesario que renuncies a cosas que, a tu pesar, seguías haciendo. Esta etapa implica un cambio de pensamiento, pues se trata de un momento en el que te sientes estancado. Un nuevo orden viene en camino para tu beneficio.

Tercer ciclo en tu misión de vida:

3) *Tocas misión de vida.* Ya vimos que primero hacemos una *exploración*. Ya hiciste las cosas lo mejor que podías, sentiste que estabas en un camino, una carrera hecha, un negocio establecido y que empieeezaaaan los cambios… Entras a las pequeñas o grandes crisis que se viven en la *etapa de transición* y comienzas a vivir los ajustes que se dan. Eso te va forzando a que te voltees a ver, a que te cuestiones, a que salgas de la zona

de confort o de la zona de seguridad. Toda la vida te dice, "Hay algo mejor para ti", sólo tienes que confiar en nosotros, ríndete a ACEPTAR EL NUEVO ORDEN.

Esto sucede de manera ¡¡TOTAL y CONTUNDENTE!! **a los 30 años** (y posteriormente, volverá a suceder, más adelante explico el tema de las edades y sus ciclos).

Aquí se DISPARAN parte DE TUS DONES más importantes. Tocas esas habilidades que elegiste en tu plan y llegas a **los grandes temas de vida** que tienen que ver con tu **sanación**. *Coincides con las personas* que serán CLAVE para tu despertar, o puedes ver que es cuando sales de esa racha de crisis, muchas veces se dan rupturas, sólo porque la vida te está diciendo: ACEPTA entrar a un ORDEN MAYOR, extiende tus alas, acepta, confía lo que te toca vivir, *en donde* te toca vivirlo y *con quien* te toca, pero ahora con el **nivel de conciencia** y la reflexión que te sumó esa *crisis*, con el no quiero "eso" más y SÍ quiero PAZ. Entonces, serás llevado a un **nuevo orden** con mayor paz.

Aquí los ángeles te ayudan a que abras tus alas y DESPEGUES. Es un gran momento donde estás aceptando el POTENCIAL que tenías contenido, TODO SE EMPIEZA A ACOMODAR. Suceden cosas grandiosas, se DISPARAN TUS TALENTOS y tocas con lo que vienes a dar a otros.

Esto sucederá unas cuantas veces, pero siempre sucede de forma *contundente*, por ejemplo cuando empiezas una importante relación de pareja —la relación que empieces es clave para tu despertar y para tus temas de vida. O es, cuando entras a trabajar a la gran empresa que querías, empiezas a trabajar en algo que te gusta mucho, o cuando cambias de giro para dedicarte a algo completamente nuevo, y ¡resulta que es un *hitazo*! O cuando nace un bebé... todo después de esa *etapa de transición* y de RENDICIÓN.

Conclusión: entre más pronto te rindas y aceptes ayuda, más pronto permitirás a los ángeles que te muestren el nuevo escenario donde serías más feliz. Hacer los cambios te llevará a que *toques* un TEMA CRUCIAL de tu misión de vida y darás GRANDES PASOS HACIA TU BIENESTAR.

Cuarto ciclo en tu misión

4) *Realización*. Ok, ya pasaste por las etapas de exploración, transición, tocaste tu misión de vida, y ahora pasas a la siguiente etapa: realización. Esta etapa sucede luego de haberte dedicado a aceptar el *nuevo orden*, que llega justo cuando tocas misión de vida.

Te sientes emocionado con la nueva forma que parece estar tomando tu vida, aunque no tengas claro a dónde te puede llevar, se siente bien. Cambió la forma y ahora brilla más tu vocación, lo que significa que estás en una etapa donde lo nuevo que vives es un reto, pero te gusta o te encanta.

Ahora ves con claridad cosas que antes no conocías o veías. Tienes nuevos horizontes en mente. Es un MOMENTO DE DISFRUTAR, son etapas de plenitud y de gozo. Continúas aprendiendo, sólo que de manera amorosa. SON ETAPAS EMOCIONANTES, sin las crisis o altibajos de la anterior etapa. Tu crecimiento se da de maneras amorosas y alegres.

Esta etapa es de LOGROS, de éxito, de bienestar económico, de amistades. Es de esas etapas que dices, "¡todo marcha bien, gracias!" Te puedes sentir muy bien, hasta que regresas al primer **ciclo de misión de vida**.

Hasta que empiezas de nuevo a querer explorar, viene una transición, sientes que entras en pequeñas o grandes crisis, tocas de nuevo un tema fuerte de sanación y de éxito, seguido por una etapa de realización.

Y si estás pensando, ¡AYYYY y por qué no se puede... que mejooor que me quede en la etapa de realización como por... ¿siempre?! Empezar el ciclo de nuevo NO es malo, sólo es *necesario*, ¿por qué? Para que CREZCAS. Recuerda que el objetivo de tu vida más grande, lo tengas consciente o no, es DESPERTAR. Si no sucedieran de nuevo esos cambios, te quedarías en esa zona de confort y te perderías de muchos de tus talentos y de situaciones donde están destinados a que encuentres sanación.

Ahora va a ser diferente, cada vez que pasas por un ciclo entero ya no eres la misma persona, inicias un nuevo ciclo y se empieza a ver como una espiral, pero ahora un *escalón arriba en experiencia* y con mayor CONCIENCIA, ya que aprendiste y estás en un nivel mayor; esto representa un perfecto camino para RECORDAR tu origen. Tu regreso al hogar.

En ese ínter, en ese camino, cumples tu misión personal y tu misión colectiva a la que te inscribiste en el PLAN DIVINO. De acuerdo con las etapas de *exploración, transición, misión y realización*, todo camina en el PLAN PERFECTO de maneras tan misteriosas, como Dios. En cada paso, pensamiento e inhalación comienzas a sentir *su* presencia y *su* intervención.

Siempre pienso: este orden tan perfecto y complejo sólo puede ser producto de una INTELIGENCIA MAYOR, que cuando siento su MAGNIFICENCIA me hace sentir como una pequeña estrella en el firmamento, infinitamente *amada*. Cada estrella es perfecta, pues su luz se suma a la de todas las demás, obteniendo un cielo hermoso, brillante, sostenido por la fuerza invisible del más puro amor. Todos hacemos juntos ese *cielo* único.

Si pones atención, con ojos abiertos o cerrados, te empezarás a dar cuenta de esa fuerza invisible que todo lo sustenta, de cómo a lo largo de todos los ciclos de tu vida, ya sean difíciles o de plenitud, te susurran de manera constante y eterna:

"Como eres, ya eres infinitamente amado."

Arcángel Miguel

5. Adolescencia
El despertar de tus habilidades psíquicas

"Cada vez que te sientas en una playa solitaria,
nosotros soplaremos a las aguas de ese mar,
el vaivén de las olas que escuches
será nuestro arrullo para ti,
y en medio de ese arrullo y de esa brisa,
que es nuestra caricia, te recordaremos amado,
–no estás solo–, simplemente ese silencio fue creado,
para que te encontraras con Dios."

Canalización de Arcángel Gabriel

La palabra *adolescencia* proviene del latín *adolescentia*, que significa *joven*. Si buscamos la palabra *adolescente* en el diccionario, ésta se deriva del verbo *adolescere* que significa **crecer, desarrollarse e ir en aumento**. Te platico: *psíquicamente*, ¡vaya que sí es una etapa también de crecimiento y desarrollo!, es un ciclo que sucede cuando estás en la *etapa espiritual de exploración*, y que cronológicamente hablando, sucede justo después de la infancia y antes de nuestra vida adulta.

Yendo más profundo, en esta etapa estás buscando muchísimas respuestas, opciones y formas de entender **tu identidad**. Te suceden muchos **cambios emocionales, físicos, psicológicos, sexuales, energéticos y te ocurren novedades espirituales**. Desde luego, en este libro deseo dar el énfasis principal a la parte *energética y espiritual*, sin dejar de recalcar

que todos los cambios son importantes pues ayudan a entender el camino como parte de un todo, incluso biológicamente perfecto para nuestro despertar.

Psicológicamente y espiritualmente, en esta etapa deseas encontrar **tu identidad**. Es un periodo *intenso* en general, y depende del contexto en tu casa; de la situación que te rodeaba y de lo que habías vivido hasta el momento; lo hace todavía más o menos intenso. Este ciclo empieza con **la pubertad**, que en las mujeres comienza a partir de los diez años, de los once para los niños, ¡oh, sí, pequeños!, y llega hasta los catorcequince años. La adolescencia media y tardía se extiende ¡hasta los diecinueve años!

Espiritualmente, la primera etapa de la pubertad es una *etapa de exploración*, mientras que los catorce o quince son edades que pertenecen más a una *etapa de crisis*. ¡Números importantes! Verás por qué hago tanto énfasis en los números, ya que más adelante podrás llenar en tu propia tabla del **Plan de vida espiritual** que elegiste, en la segunda parte de este libro.

En la adolescencia, realizas la *exploración de vida* usando tus **habilidades psíquicas**. ¡Que se disparan en esta etapa, alcanzando "un pico"! Si además forma parte de tu vocación y talentos el ser *psíquico*, entonces ¡notarás aún más su crecimiento! Las habilidades psíquicas son útiles de cualquier manera para TODA persona, ya que en todas las situaciones es importante escuchar nuestra *intuición*... Y te des cuenta o no ¡ya la estás utilizando!

De hecho, muchos estudios y biografías de personas con altos puestos en empresas y de gente millonaria, afirman que las decisiones que les dieron más éxito económico no fueron las más seguras y documentadas con números, o ni siquiera las que tuvieron mucho tiempo para estudiar, ¡sino las que decidieron en segundos! Sus golpes más grandes de éxito, o de *suerte* si lo quieres ver así, fue cuando hicieron caso, dicen, a su *intuición*. Aunque parecieran decisiones arriesgadas, se dejaron guiar, y relatan que así surgieron sus empresas o sus grandes contratos millonarios.

Hablando de esa *intuición*, ésta se desarrolla muchísimo en la etapa de la adolescencia (por eso, padres, es buena idea empezar a apoyar a sus hijos para que confíen en su *sexto sentido*), porque aún no creen en sí mismos y no siempre estarás pegado a ellos.

En esta etapa, haz de cuenta que estás como un "perro sabueso", *olfateando* respuestas, todo lo examinas y te lo cuestionas, por lo que las habilidades psíquicas te vienen muy bien en este momento. Está sucediendo ¡una tremenda cantidad de actividad en tu psique! De hecho, antes se pensaba que el cerebro se terminaba de formar entre los trece y catorce años, pero ahora estudios neurofisiológicos han demostrado que su maduración finaliza hasta pasados los veinte años. ¡O sea, esta maduración abarca incluso más que toda la adolescencia!

Que todavía no esté maduro hace que aún predomine más en tu cerebro el **sistema límbico**, donde se generan el estado de ánimo y las emociones como el miedo, la ira, el placer y la adicción, el área de los recuerdos, etcétera, en vez de la **corteza prefrontal**, área no terminada de formar, la cual es responsable del procesamiento **racional** de las emociones, de nuestra capacidad de concentración, planeamiento, control

de los impulsos, control emocional, donde se produce la empatía, lo que llaman el juicio y la introspección.

La *poca actividad* en la corteza prefrontal puede hacer que la persona sea desorganizada, distraída, sin *mucho filtro* cuando habla, con dificultad para planear y **más visceral**. ¡No es que a los adolescentes se les quiera olvidar lo que les dices a propósito (ok, algunas veces sí)!, o que deseen verse torpes, ni te quieren retar conscientemente, es que su cerebro *simplemente* no se ha terminado de formar y biológicamente va más allá de ellos, por ello predomina la parte visceral.

Ahora, si le sumas la locura de las hormonas, las **hormonas sexuales**, como la **testosterona** en ambos sexos (más en los varones, claro), aún hay controversia, pero se cree que influencian conductas violentas y agresivas en ciertos adolescentes. Mientras que se ha estudiado que los **estrógenos** pueden tener influencia en el desarrollo de la MEMORIA, sobre todo en las mujeres... (¡Claro! Hombres, estaríamos todos de acuerdo, ¿cierto?)

El punto es, **la rebeldía** no viene **porque sí** en los adolescentes, hay una hiperactividad sucediendo en ese cerebrito, el cual tiene un mayor desarrollo del lado de las emociones donde aún domina la parte visceral: las emociones, incluidas la impulsividad, la atracción por el riesgo y el enamoramiento tipo peli *Titanic*, con todo y la manita sudada, más que el desarrollo de lo racional. Por lo tanto, en esta etapa se facilita que estés también muy **intuitivo** y que se abran tus **habilidades psíquicas**, más que en cualquier otro momento anterior en tu vida. En la adolescencia nos guiamos más por los instintos que por la lógica.

Estás tan RECEPTIVO y tan **sensible** que por eso notas que suceden ciertos **fenómenos y sensaciones inexplicables** que no te sucedían con anterioridad, o al menos, no que te dieras cuenta. Y, como dije, si le sumas los cambios físicos, biológicos, como el comienzo de la menstruación en las mujeres, los cambios psicológicos, sociales, que la voz cambia, se endurecen y alargan lo huesos, se ensanchan las caderas y se engrosa el pene en los hombres, etcétera. ¡Oh, Dios! ¡¡Vaya que sí que hay mucha energía puesta en tu crecimiento en este momento!!

Toda esta *energía de cambio y crecimiento* que está sucediendo *inaugura* este ciclo de **fenómenos psíquicos**. Por lo que en esta etapa de la adolescencia puedes notar varias cosas:

Psíquicamente:
- Incremento de la intuición
- Desarrollo de la clarividencia
- Desarrollo de la clarisensibilidad
- Desarrollo del clariconocimiento
- Desarrollo de la clariaudiencia
- Sueños lúcidos
- Sueños de muerte
- Sueños premonitorios
- Mayor número de pesadillas
- Sensación de desprenderse del cuerpo
- Insomnio
- Viajes astrales
- Bilocación o multilocación

Emocionalmente:

- Inestabilidad
- Irritabilidad, enojo, explosividad, ira
- Pensamientos suicidas, impotencia
- Tristeza
- Frustración
- Ganas repentinas de llorar
- Sensación de angustia, rompimiento, confrontación
- Comienzo de conductas adictivas (cigarro, alcohol, drogas)

Es muy importante que los padres recuerden y comprendan que sus hijos están pasando por todas estas emociones y procesos que les resultan difíciles, pero que espiritualmente sientan las bases de una de las exploraciones de vida más profundas que haremos hasta ese momento. Ya seas un adolescente o uno de esos padres que desea ayudar con todo su corazón en este proceso a sus hijos (o a primos, amigos, nietos, sobrinos), siempre les recomiendo pedir ayuda a un **Combo de ángeles** a:

Arcánguel Miguel: ayuda a dar fuerza y seguridad, tanto a padres como a hijos; a eliminar pensamientos de miedo, pensamientos de suicidio; ayuda a hacer cambios contundentes y a tener la disciplina para salir adelante. Ayuda a darle voz a tus sentimientos más reprimidos sin sentir culpa. Ayuda a encontrar tu vocación y darle causa a la rebeldía. Ayuda a parar el *bullying* y a encausar la frustración y el enojo. Te ayudará a ver la verdadera causa del enojo y sanar mentalmente. Ayuda a que la verdad salga a flote.

Arcángel Rafael: si además necesita ayuda para evitar entrar o para salir del consumo de las drogas, o salir de ese círculo vicioso de adicciones de cualquier tipo, (bulimia, alcohol, adicción a internet, al celular, a marcar su cuerpo, la adición a tatuajes, adicción a la azúcar, etcétera). Ayuda a sanar la sensación de tristeza repentina o constante y la sensación de ser una víctima. Ayuda a sanar abusos emocionales. Pon todas tus emociones en manos del Arcángel Rafael y pide que sean llevadas a la paz.

Arcángel Raguel: ayuda para saber entender a los adolescentes (o te ayuda a que tú mismo entiendas qué quieres), a generar entre padres e hijos confianza, a armonizar las relaciones en casa y entre todos los familiares. Ayuda a mejorar la comunicación entre todos los miembros de la familia. Ayuda a hacer nuevas amistades y a guiarte hacia personas que serán mejor compañía para ti o para tus hijos.

Si consideras que tienes a un niño muy sensible en casa, incluye en tu *combo* al:

Arcángel Gabriel. No importa si eres devoto o no, puedes pedir ayuda a la **Virgen María de Guadalupe**. Siempre me han impre-

sionado el amor, la compasión y la contundencia que tiene para ayudar "*a todos sus hijos*", y la caridad, el consuelo y la fuerza que muestra en todas las terapias, y a los padres que se acercan a preguntarme, las respuestas que les da. Si tú te sientes sin rumbo ni esperanza, acércate a ella y pide su cobijo. Ella también ayuda cada vez que le pides que regrese a tus hijos con bien a casa.

En el siguiente capítulo también podrás saber más sobre cómo se comunican los ángeles y las cuatro habilidades psíquicas (clariconocimiento, clarividencia, clariaudiencia y clarisensibilidad), que dan un pico alto en la adolescencia; las explico ampliamente en el siguiente capítulo. ¡Tú puedes ser muy psíquico y no saberlo!

La parte energética

Primero, tengamos claro qué son las **habilidades psíquicas**, para entender estos fenómenos, y cómo también se pueden entender como una **cualidad** natural, incluso como un **talento** en tu misión de vida. ¿Definición de habilidades psíquicas? Aunque te parezca sorprendente, en la Real Academia de la Lengua Española, hasta el momento no aparece la definición de habilidades psíquicas; la palabra *psíquico* está definida como: "perteneciente o relativo a las funciones y contenidos psicológicos". Voy a explicar más ampliamente qué son.

Psique, del griego *psyché*, significa "alma humana", concepto procedente de la cosmovisión de la antigua Grecia que definía la psique como **la fuerza vital de un individuo, unida a su cuerpo en vida y desligada del cuerpo tras su muerte.** Este término se mantiene en varias escuelas de psicología todavía, pero en general ha ido perdiendo su valor metafísico. Esta definición *vincula todos los procesos y fenómenos que hacen de la mente humana una unidad alma-cuerpo*. Luego, en su estudio, la psicología iría cambiando y dando definiciones más "físicas" o *racionales* a la psique.

Ahora, hablando **energéticamente, tú no sólo eres un cuerpo** hecho de huesos, músculos y otros sistemas. También **eres esta energía sutil**, que no es detectable a simple vista como nuestro cuerpo físico, mas es igual de importante. Se trata del campo energético que irradias, producto de tus pensamientos y emociones. En la mayoría de las ocasiones, las personas lo perciben y le dan más importancia que a tu presencia física (es tu mejor o tu peor carta de presentación), ya que puedes lucir tus mejores ropas, peinados y currículos, pero la gente percibe algo en ti que o *los acerca* (les late algo de ti y les generas confianza y seguridad), o los aleja (los irritas, los pones nerviosos, les das miedo o los desesperas), dependiendo de tu energía o de tu *vibra*. Estoy segura de que muchas veces has sentido eso de las personas con las que entras en contacto.

Hay personas con las que puedes hablar apenas cinco minutos y ya te urge despedirte de ellos. Y cuando lo haces, te pueden dejar sintiéndote nerviosa, desesperada, molesta; o bien, lo contrario, otros te dejan iiiincreíblemente de buenas sólo por haber cruzado unas palabras o momentos con ellos, es su energía lo que te puso así.

Como ves, es intangible e invisible, pero igual de importante. Si quieres mejorar esa energía o vibra que irradias, tienes que trabajar en tu estado mental, es decir, si hay paz en tu

mente, naturalmente la irradiarás; si hay lucha y confusión, confusión verás y proyectarás.

> Trabaja en la calidad de tus pensamientos, en entrenar tu mente y mayor confianza tendrás. Así como entiendes los huesos como nuestra estructura física, nuestros pensamientos dan pie a nuestra estructura energética. Tus pensamientos te sostienen o te tiran.

Una emoción está ligada a un pensamiento que tuviste primero. Para que una emoción se genere es que tuviste un juicio, una idea acerca de algo, correcta o equivocada. Mi mejor recomendación para que entrenes tus pensamientos de manera ordenada, consistente y dirigidos hacia la paz, sería a través del libro de *Un curso de milagros*.

La real búsqueda de la paz vs. esoterismo y autoengaño

No es mi interés que te aprendas un sinfín de detalles y datos acerca del mundo energético, no hablo de veintiocho chakras (ni siquiera de siete, en este caso, sólo por mantener el enfoque), ni de capas del aura, "de cuerpos energéticos superpuestos", ni de ritos o rituales **con toda intención**. En mi larga experiencia dando terapia y cursos espirituales, entiendo que la verdadera espiritualidad sirve por lo **práctica** que es. La verdad y el amor te llevan a resultados muy concretos, por eso siempre intento explicar los conceptos espirituales de la manera más práctica.

Si todos tus conocimientos espirituales no te ayudan a tener mejores relaciones, a comunicarte mejor con tus colegas, con tu pareja, a saber cómo acercarte con amor a un hijo, a tener una mejor relación en el trabajo, una mejor relación con el dinero y con todo lo material, significa que has leído tal vez más libros y acumulado datos, frases y citas, pero no has permitido tu transformación interna (al ego le da pavor eso).

Es mejor hacer una práctica espiritual constante, de lleno, la que quieras, pero que lleves a tu vida diaria esa **conciencia** y permitas que te dé **coherencia**, que te dé *respuestas*, y así, aunque la respuesta sea un divorcio, si lo estás decidiendo en conciencia, la diferencia será que en tu interior habrá paz.

Al ego le encanta *saber*, distraerse con cosas esotéricas, metafísicas, con rituales, con mantras, con suerte, con ser *yoguis*, "una limpia no cae mal," con ser sanadores de cinco tipos de diferentes corrientes... etcétera. Hay personas que acumulan todo el desplegado de lo que les suene *espiritual*, pero **no permiten los cambios internos en su vida**. El ego sólo querrá llenarte de más de ellas y perderte entre tantas. *Una cosa es estar en una etapa de exploración y otra es ignorar tu sanación* por dedicarte a aprender tantas cosas.

Por eso te digo: revisa si eso sirve más para enredar, acumular, que para avanzar. La única manera de avanzar es que dejemos de proyectar nuestros temas a los demás. Pero eso no le gusta al ego, por eso prefiere culpar a los demás y hacer los "rituales de luna llena". Tendrá mucho más efecto en tu vida si *por encima de todo quieres ver* y dejar de ver culpables.

Jesús es un gran maestro para aprender a tomar responsabilidad en vez de sólo lidiar con los efectos de lo que vemos.

Puedes pedirle ayuda a Él si llevas tiempo queriendo encontrar respuestas, porque la práctica espiritual verdadera requiere que te quieras voltear a ver de manera consciente. Aunque el plan de vida esté trazado por el mundo espiritual, recuerda, la respuesta está en ti.

Entre más te acerques a la luz, el ego más querrá confundirte. Y en la adolescencia estás sumamente confundido; visceral y emocional, entras a una profunda introspección de tu **SER**, por eso las respuestas te llevan más allá de tu cuerpo. Tendrás distintas oportunidades para experimentar esta realidad como *falsa*, a lo largo de tu vida, y psíquicamente eso pasa en la adolescencia.

Es decir, por momentos pareciera que todo es absurdo, el mundo entero, las relaciones, tener que estudiar, la educación que quieren los papás, la dieta que habías llevado, todo pasa por una primera crisis (bueno, la primera es a los dos años, nuestra primera microadolescencia). Todo pasa por una revisión y una profunda crisis. Por eso, muchos adolescentes que no encuentran apoyo en su casa caen en las drogas —o en el deseo de ingerir alcohol—, como una forma de evadir este sinsentido; o experimentan los pensamientos de suicidio porque el mundo parece *falso*, absurdo y es un gran esfuerzo estar en él.

No es para que te preocupes, es para que te ocupes. Si ya pasaste por ahí, ayuda a otros y perdona todo lo que no hayas terminado de esa etapa. Siempre que un recuerdo doloroso llegue a ti, tienes la oportunidad de perdonarlo, perdónate, perdona.

Como lo indiqué en un inicio, la adolescencia significa CRECER, y el plan es tan perfecto que creceremos porque ése es nuestro destino. Incluso los cambios sucederán *a través* de ti sin que lo sepas; somos guiados de acuerdo con la velocidad que cada uno puede avanzar. Recuerda nunca estás solo.

Recomiendo a todos los padres que oren para que sus hijos se sientan acompañados en esta etapa, para que ayuden a ambos, padres e hijos, para que encuentren mayor sentido a sus vidas, para que como padres en su *misión personal de vida* desarrollen la confianza y el desapego. La respuesta no es evadir, es DAR. No evadas, minimices, insultes ni retes su adolescencia. La respuesta no es amenazar o retar, es saber DAR.

El duelo energético que vives en la adolescencia

En la adolescencia, como vimos, tu energía está dividida y ocupada en muchos procesos por los que estás pasando. **Energética y espiritualmente,** también coincide que **reaccionas como si estuvieras pasando por** *un duelo*, un momento donde tu energía es inestable por el CIERRE de un ciclo, la niñez. Ya no eres un niño que depende completamente de sus padres, ni un adulto todavía, entonces viene esta añoranza tremenda por encontrarte a ti mismo y surge la gran pregunta: "¿Si no soy mis padres, si no soy sólo un hermano de..., hijo de..., entonces, quién soy? ¿En qué está mi valor?" Esa pregunta ocurre de manera intuitiva.

Entras en un periodo EXISTENCIALISTA, lo cual desde luego tiene que ver con tu misión de vida y con que te cuestiones lo que quieres estudiar, lo que quieres *ser*, el modelo de quién quieres ser de adulto, los estereotipos que adoptas para tener un sentido de pertenencia, así como los personajes que empiezas a admirar.

Pero el duelo interno se extiende a tu casa, porque ahí es donde te sientes menos bien, hay más conflicto, y no encuentras ahí tu valor. Los adultos esperan que te comportes como el niño que eras y al que podían *controlar*. Pero, padres, piensen cómo se sentirían ustedes al estar viviendo un duelo todos los días, ¿les parecerá tan racional?

Por lo tanto, en esta etapa final de la **adolescencia o etapa tardía** recuerda puede terminar hasta los diecinueve años su conducta, el existencialismo coincide por ejemplo con el qué vas a estudiar en la universidad. Porque estoy averiguando **quién quiero SER**. Tu misión de vida recobra importancia, lo cual muchas veces se confunde con la elección de carrera. Mejor guíalos no con lo que harán para *ganar algo* en la vida sino para que lo que hagan coincida con sus más grandes anhelos, talentos y alegrías.

¿Dieciocho, diecinueve?, ¿universidad?, ¿qué quiero ser? ¡Oye, Tania, pero si todavía algunos se comportan como adolescentes y ya están en la universidaaaad! —niñas, calma, relájense, ahora lo entienden— SIGUEN siendo unos adolescentes, es correcto. ;) (Ay, bueno, un chiste nunca sobra).

Y si no va tan bien la adolescencia, si no sienten ese apoyo, sin una formación amorosa y comprensiva necesaria para acurrucarnos en este tan crucial proceso de vida, no se terminan de formar los arquetipos a los cuales admirar. No *maduran* esta etapa, se sienten reprimidos, tristes, muchas veces a un nivel muy profundo, por lo que siguen emocionalmente y socialmente comportándose como *eternos adolescentes* aun a sus cuarenta, cincuenta... o sesenta.

Ahondemos en algunos de esos fenómenos que suceden en la adolescencia. Después de todo lo que has leído **¡no creo**

que la vuelvas a ver igual!, ya que ahora entiendes que toda una revolución está pasando en ti y puedes ver cómo la forma en que transitas a lo largo de ella ¡influye **mucho** en tu vida! Ahora estoy segura de que podrás ver a tus sobrinos, hijos, nietos, de otra manera y podrás ser un ángel para ellos.

Podrás ayudarlos en esta fase en la que necesitan tanta comprensión, apapacho, explicaciones que les ayuden a formar una imagen excepcional de ellos mismos. Y, sobre todo, ayúdalos a que extiendan *sus maravillosas alas* para que construyan una hermosa vida. Sin nada de qué sentir vergüenza, sólo nacidos para triunfar. Tú, como padre, madre, hermana, abuelo, tía, tío... serás *"el viento debajo de sus alas."*

La importancia de los ángeles en los sueños ¡Sí, a dormir se ha dicho!

En esta etapa tanto lo que soñamos para un futuro, como los sueños físicos, en los cuales descansas y te recuperas, son igual de importantes... ¡ambos, MUY importantes! Aquí decides si es hermoso volar y hacer SUEÑOS, si ves un mundo en el que puedes abrirte, gozando y confiando de tus talentos, o donde tu corazón crece inseguro, con miedos, y empieza a desconfiar de entregarse al amor.

El mundo espiritual y los ángeles, que siempre velan por nosotros, nos ayudan a mantenernos conectados con el AMOR SUPREMO, **también** *a través de los sueños*. Ellos nos dan **muchos mensajes** mediante éstos, y sobre todo en esta etapa, cuando generalmente no se quiere escuchar a los padres, maestros, figuras de autoridad o a... ¡nadie!, y la ayuda tiene que llegar

de otra forma. (Hago mucho trabajo con los padres de adolescentes para que puedan ayudar a sus hijos a través de los sueños.) Los mensajes los dan de esta manera también para facilitar el entendimiento de personas que son más **visuales**, y que de esa manera comprenderán mejor *sus* mensajes.

Al estar tu energía enfocada en descansar y recuperarte, es más fácil que puedan llegar a tu mente, o a tu subconsciente, y que recibas el amor y la guía que de otra manera te resistirías a aceptar; recuerda, como lo vimos en el capítulo 1: en la noche tienes menos distractores que en el día.

Cuando tus ángeles te despiertan en la madrugada, como vimos, su hora *favorita* para despertarte es entre las 3 y 4 de la madrugada. Tú percibes una energía distinta alrededor de ti (o en tu cuarto); percibimos la enregía de todo lo que nos rodea. Tus ángeles te despiertan como a quien sale de un suave arrullo, y se siente una energía muy *particular, electrizante y que cambia toda la energía del cuarto*. Ahora que ya lo sabes, que lo acabas de leer, de seguro lo harán. O bien, de manera explícita pídeles que lo hagan, y que te den una confirmación de su presencia con esos números, si así lo deseas.

Ahora más de los sueños y su importancia. Al estar pasando por muchos procesos a la vez, energéticamente **necesitas dormir más**. Esto los padres de adolescentes lo confunden con holgazanería ¡y muchas veces no los dejan de llamar flojos!, únicamente reforzando esa idea que tienen los adolescentes de ellos mismos, en vez de ayudar a que vean opciones, y reforzar sobretodo su autoestima en esta etapa.

Biológicamente, los estudios indican que **un adolescente debería dormir en promedio nueve horas y quince minutos**

diarios. Además, súmale que sentirá sueño en *horas inapropiadas* del día, como en las mañanas. Ya que hay cambios en su **glándula pineal**, que regula la muy importante producción de la **hormona melatonina**, la cual puede hacer que sienta sueño excesivo, sólo que ahora su horario de producción cambia y se secreta mucho más tarde en el día en comparación con cuando eras niño o adulto, lo que hace que también *el angelito* tenga sueño en las mañanas.

Hablando espiritualmente, los sueños están cargados de **información psíquica**, de respuestas y de **autosanación** ya que, como dijimos, hay demasiados cambios que están sucediendo y por lo tanto desean ayudarnos y darnos guía. Ahora, al llegar la información mediante los sueños, éstos se vuelven una *herramienta*.

¿Alguna vez te ha pasado que tienes un problema que no puedes resolver y te llega la respuesta en un sueño? ¿O estás estudiando para un examen y te quedas con alguna duda, que resuelves en el sueño? Como dije, es una etapa en la cual vas a desarrollar más tus habilidades psíquicas, y no sólo a ensanchar tu cadera. **Los ángeles y el mundo espiritual nos dan respuestas a través de los sueños.**

Como mencionaba antes, puede ser a través de **sueños premonitorios**, que son éstos donde ves lo que va a suceder antes de que efectivamente pase. También es muy común tener **sueños de muerte**, donde ves que alguien o los que más amas mueren en tus sueños, y no es que éstos sean necesariamente premonitorios, lo que pasa es que recuerda que en esta etapa, estás en un **duelo energético**, como expliqué unos párrafos atrás.

Estás afianzando tu seguridad, y tu seguridad hasta la infancia estaba puesta **en tus padres**, realidad que parece estar cambiando, además de agregándose nuevas ideas y personas a tu contexto de vida. Por eso, la mayoría de las personas pueden reflejar esa angustia en sueños donde mueren sus padres, o en los que hay una guerra por suceder, de manera que atentan contra "el mundo entero", que es su mundo en realidad. Genera angustia el imaginar o el pensar en que tus padres murieran en este momento, ya que estás creciendo y, repito, ya no eres un niño todo el tiempo, pero tampoco eres un adulto lleno de recursos.

Ese estrés se expresa en tus sueños y cuando hay un exceso de estrés, o de actividad psíquica sucediendo, pueden llegar las no deseadas **pesadillas,** las cuales no tienen ningún sentido, sólo manifiestan nuestro estrés, la angustia, el miedo.

Ahora, ¿para qué nos dan los ángeles estos **AVISOS premonitorios en sueños**? Por varias razones:

- Para irte preparando para un suceso, empiezas a poner atención, ya que parece parte de un sueño, es menos invasivo y fuerte de esta manera, para que empieces a digerirlo y te prepara psicológicamente.
- Para alertarte en caso de que tengas que actuar. Si hay algo que tienes que hacer o informar a alguien lo sabrás. Si no te queda claro a través del sueño qué es lo que

tienes que comunicar a alguien en particular o qué acción tomar, puede ser por dos cosas: o no es un sueño premonitorio y sólo refleja tus miedos, o bien cuando es premonitorio hay una sensación de que *ya es así*. Sientes que va a suceder, pero sólo es *informativo*, de nuevo para que empieces a procesarlo.

- **Sueños lúcidos**. Su principal característica es que **te sientes despierto** en tu sueño, percibes o *sabes* que NO estabas soñando, y además te despiertas con *información* como si la hubieras oído despierto. Es un medio para recibir mensajes. Generalmente dices "se sentía muy real" y para **confirmar** el mensaje, verás más señales sucediendo después de ese *sueño*.

Nota: En los viajes astrales, cuando percibes que te separas de tu cuerpo y puedes ver que sales a hacer "viajes" o recorridos, jamás puedes perderte, regresar lastimado, golpeado, ni sufrir daño alguno. (Lo menciono por un joven que daba esa razón y explicaba a su familia que los golpes que tenía se debían a esos viajes.)

Estos sueños sirven para guiarte en una dirección, para corregir tu rumbo, para que ayudes a un hijo o amigo en particular que necesita de tu ayuda, para disminuir el miedo que experimentarías con un hecho que va a ocurrir.

Un ejemplo personal de un sueño lúcido.
Ve cuánto te pueden ayudar

En una de las muchas ocasiones que el mundo espiritual aprovecha para darte mensajes, en una ocasión, al estar "dormida", escuché clara y amablemente cómo me indicaba una voz:

"Toma el curso de meditación trascendental."

La voz era suave y paternal, sumamente clara, como si estuviera escuchando a una persona de carne y hueso, sólo con la diferencia de que yo tenía los ojos cerrados. Sólo que la voz no me estaba preguntando, parecía informarme lo que debía hacer. Lo repitió tres veces y sentí cómo me desperté de inmediato en cuanto terminó su mensaje en el *sueño*.

Esa sensación de despertar así es para que no creas que estabas soñando y se confunda con tus siguientes pensamientos al respecto, es decir **los ángeles sí te pueden despertar** y sobre todo en situaciones de emergencia. Al despertar de manera tan energetizada, tan *lúcida*, me paré de la cama de un brinco y corrí a contarle a mi mamá. De verdad habían sido muy contundentes y con un mensaje tan particular y concreto, yo ni siquiera sabía que existía en ese entonces. *¿¡Qué era meditación trascendental!?*

Al estar contándoselo a mi madre, las dos emocionadas y asombradas, sonó el teléfono que estaba justamente en su cuarto. Yo seguía muuuy interesada en seguir contando y comentando lo que me había sucedido, así que quise apresurarme a contestar para terminar rápido esa llamada y poder continuar.

Para mi sorpresa, era una amiga querida, que hace mucho tiempo no veía y que dudaba si me encontraría en ese número de teléfono. Qué *extraña coincidencia*, ya que de hecho en ese entonces yo ya no vivía en casa de mi madre y sólo me había quedado de visita la noche anterior. Así que nuevamente era un encuentro organizado, como siempre... más de lo que imaginamos.

Ella empezó diciendo que los últimos días se había estado acordando *mucho, mucho* de mí y que había conocido a un maestro que venía de la India, de una manera totalmente fuera de lo común en un viaje. Él era discípulo directo de la escuela del yogui Maharishi Mahesh, y que lo había llevado a Querétaro, donde ahora ella vivía. Ella le había pedido dar un curso para un grupo pequeño en su casa, ¡¡ahí es cuando le había llegado el pensamiento de hablarme a mí!! Después de tantos años de no vernos y *de repente* no paraba de acordarse de mí.

—Te me viniste a la mente.

Y me hacía saber cómo ese pensamiento se le repetía y repetía hasta que al fin decidió buscarme. Por supuesto, esa misma *voz amorosa* se estaba encargando de hacer su parte del otro lado sólo que **a través de pensamientos repetitivos**: habilidad psíquica conocida como **clariconocimiento** y forma a través de la cual **también se comunican** tus ángeles.

—¿De qué es el curso? –pregunté.

—De meditación trascendental –contestó.

En efecto, ¡todo el cuerpo me vibró!, ¡me retumbó! y al instante tenía *la piel completamente chinita*, otra de las señales que los ángeles dan para confirmar una señal a las personas a través de **clarisensibilidad —habilidad psíquica en la que te reafirman o dan mensajes a través de lo que sientes.**

Ahí estaba escuchando a esta amiga querida de antaño, hablando al respecto mientras yo le hacía ¡señas y caras a mi madre!, tapando el auricular, ¡*mamá no vas a creer esto*! Asombrada de la *Dioscidencia.* La interrumpí para decirle que desde luego estaba interesada. Ella continuó hablando al parecer sin registrar mi respuesta inmediata, porque aún no me había dado todos los detalles, ella continuó diciéndome:

—Bueno, mira, el curso sería en mi casa.

—Ok, sí voy –le respondí.

—Espera, no te he hablado del maestro, es maravilloso, lo que pasó...

—¡Me encanta la idea, sí voy! –le respondí.

—¡Ah, bueno! No te he dicho cuánto cuesta claro...

—¡Cuéntame, sí voy!

—...todavía ni te he dicho qué vamos a ver.

—¡Está perfecto! –le dije–, sin duda estaré ahí. ¡Gracias!

—Ok...

Pues claro, le sorprendió mi respuesta positiva inmediata, y como era una persona abierta a estos temas, le conté lo que me acababa de pasar ¡cinco minutos antes de que llamara!, con lo cual se sorprendió y me invitó a quedarme incluso en su casa a dormir, para que tomara el curso, tener el gusto de actualizarnos y platicar.

Aunque no lo creas, el curso en realidad no era lo más importante, además de su buen contenido, el curso era la *señal* que iba a hacer que hiciera ese viaje desde la ciudad de México a Querétaro. Pasado el tiempo, aún cada día sigo descubriendo más razones por las cuales era tan importante que me llevaran ese día allá.

A partir de esa, y de más señales claras que siguieron dando mis ángeles, (de lo que teníamos que hablar en realidad) una de tantas era del fraccionamiento en la ciudad de Querétaro a donde ella pensaba mudarse —sin contar todo el resto de las *Dioscidencias* de esta historia, ahora la que tiene su casa ahí soy yo—, fui anticipando un cambio de vida, un cambio de lugar de residencia y comencé meses después la construcción de una casa.

En un sueño, ya sea lúcido o en general, los mensajes de tus ángeles, no importa en qué *formato* te los den, te traen mucha guía y mucha paz a corto, mediano y muy largo plazo. Eso es lo que desea el mundo espiritual para ti, paz.

Recapitulando, en la adolescencia empiezas un gran despertar de tus habilidades psíquicas también como parte de tu proceso de crecimiento. No tengas miedo a usarlas, entre más las uses, de hecho eres más normal, ya que son parte de nuestra naturaleza. Y al empezar a ver de manera natural tus habilidades, por muy *raras* que te parezcan, te darás cuenta de que es una **habilidad que se entrena**, como cantar, correr y leer, entre más uses todas tus habilidades serás un ser humano más completo. ¡Y así te permitirás ser guiado por tus amorosos ángeles más fácilmente!

En el siguiente capítulo te hablo más de las señales claras y contundentes que dan los ángeles a través de *alarmas angelicales* y de los *ataques psíquicos*, algo que después de que lo conozcas ¡vas a querer poner mucha atención a tu intuición!

"Levanta el vuelo sin miedo, estás siendo sostenido en
todo momento y ¡tú estás hecho para volar!
Nuestra confianza en ti, es absoluta"
Arcángel Miguel

6. Cómo se comunican los ángeles
Mensajes, alarmas angelicales y ataques psíquicos

"Extiende tus alas con nosotros y confía en nuestro
amor, estamos contigo en este viaje,
estamos expandiendo tus horizontes mentales hoy,
más allá de lo que hoy conoces, hasta que
aceptes tu inminente unión con Dios."

Canalización de Arcángel Zadquiel

Muchas veces, los padres de familia que van a mis cursos se acercan a preguntarme por sus hijos, nietos, o en general, por niños que conocen, los cuales cumplen la característica de ser... *muuuy sensibles*, y quisieran ayudarlos con todo el amor de su corazón, pero me dicen que no tienen ¡ni idea de cómo hacerlo!, ni están seguros de si tendrán algo de psíquicos, si ven ángeles, o si tendrán ciertos *dones*. Lo que resulta inminente es que son sensibles, que lloran o parece que se asustan sin mayor razón y que les suceden *cosas* que no se explican.

Comprendo perfectamente a esos padres, ya que yo estuve en el lugar de esos niños, y ellos esperan que sus padres sepan, sin que muchas veces sea así. Por eso te hablaré más en este capítulo de cómo puedes entender mejor la manera en que los ángeles se comunican de acuerdo con tu personalidad. Te hablaré de las **"alarmas y ataques psíquicos"** con un ejemplo de mi vida donde aprendí, desde muy niña, cómo ante peligros que ni comprendes los ángeles siempre te guían, te des cuenta o no. Y ya sea que tengas un niño *súper sensible*, que llora sin razón aparente y sin que puedan calmarlo... o que seas un adulto que en ocasiones tiene un repentino pesar, preocupación o cambio de ánimo sin razón aparente, siempre hay una razón, respondes a tu intuición sin darte cuenta.

Las alarmas psíquicas o alarmas angelicales

Son las llamadas de atención que recibes *a través de tu intuición* para prevenirte a tiempo de algún daño que puedas sufrir.

Los ángeles tienen el poder de incrementar tu sensibilidad repentinamente, para salvarte de un peligro que no necesitas vivir. Pueden hacerlo en cualquier momento, y te previenen así de que sufras un accidente, de que te pierdas, de que evites lastimar a otros, o de que cambies de carril por ejemplo, en un momento inadecuado.

Dependiendo de tu personalidad los ángeles entregan sus mensajes para que logres superar los momentos de tensión, también aumentan tu sensibilidad ya sea *auditiva, sensorial, visual, o en forma de pensamientos repetitivos.* Generalmente, es la forma a la que más pones atención o la que más va a funcionar para ese momento de tensión y de acuerdo a tu personalidad.

Cómo se comunican los ángeles

Los ángeles usan **la forma más efectiva** de comunicarse contigo y ésa es distinta a lo que pudiera funcionar para comunicarse con alguien más. Tú puedes ser muy racional y otra persona muy emotiva, por lo que ellos se adaptan a la forma que es divinamente guiada en el mejor beneficio de cada persona. Si analizas cómo es **tu personalidad**, ahí podrás darte cuenta cuál es tu **habilidad psíquica principal** o **preponderante** a través de la cual ellos se comunican contigo.

Todos tenemos habilidades psíquicas, en unos más desarrolladas que en otros (y se desarrollan más entre más las utilices). Por lo tanto, ¡empecemos por que te des cuenta de cuál es la que más usas! Es lo más natural en ti, vives usándola tanto, que no te das cuenta de que tus primeras impresiones para tomar decisiones, las haces a través de UNA particular forma de ver el mundo. Siempre hay una habilidad que utilizas más que otras; aunque puedas tener varias, hay una que predomina.

Empieza por notar si eres una persona:

Sensorial o kinestésica

Habilidad psíquica: clarisensibilidad

Son las personas cuya intuición las guía a través de lo que sienten. Por la gama de sus emociones y el famoso "me late". Si eres una persona afectiva, emocional, a la que le gusta el contacto físico, el apapacho, tocar, o si estás cómodo con abrazar, entonces es muuuy probable que tus ángeles

te guíen a través de tus emociones y sensaciones, para darte Su guía y alejarte de una situación que puede convertirse en problema.

Te alertan **a través de lo que sientes** para acercarte, desviarte, alejarte o atraerte repentinamente hacia algo que *te llame la atención*. Estas personas desarrollan la habilidad psíquica de la **clarisensibilidad**. Pueden saber cuando alguien les miente, porque lo sienten, pueden sentir si alguien está enfermo e incluso en qué parte de su cuerpo está ese malestar, sentir si alguien está enojado con ellos, aunque les diga que no. Pueden recomendarle a su marido no asociarse con una persona, sólo porque algo *"no les late"*.

Si es un profesor que les cae mal, pueden reprobar la materia incluso "por la mala vibra" que tiene esa persona, o que "se siente en esa clase". En general, se alejan de personas que no les dan buenas *sensaciones*.

Te puedes dar cuenta también por la forma de hablar. Hay frases específicas que dicen más y que denotan la principal forma en la que obtienen información mediante su intuición. Según tu habilidad psíquica principal, la muestras también en tu forma de hablar.

Lenguaje que usan: frases como "siento que esto no va a funcionar", "siento que no me pones atención", "lo haría, pero hay algo que no me late", "al estar en ese lugar se siente mucha paz." "Siento que puedo confiar en esa persona."

Otro ejemplo, si tú eres clarisensible: **tus ángeles pueden incrementar tu sensación de cansancio de manera súbita**, para hacer que te orilles mientras vas manejando, logrando así que libres el accidente al que te dirigías. O bien, tu cansancio extremo se acentúa para hacerte saber cuando ya cerraste un ciclo en un lugar o con una persona.

Si tú ya no estás dispuesto a seguir aprendiendo en ese lugar, con esa relación, o de esa forma, te hacen saber que es tiempo de un cambio a través de un cansancio crónico, como una forma para ayudarte a que voltees a verte de nuevo. Significa que ya agotaste un ciclo, y al alejarte puedes ver con mayor claridad, para tomar una decisión más acertada. No puedes ir en contra de ti mismo por tiempo indefinido.

O, ¿te ha pasado que repentinamente puedes sentir tanto miedo que prefieres salir de un lugar porque te dan "ñáñaras", o sientes escalofríos o simplemente no te *sientes* a gusto? O, ¿al ir caminando, te da tanto miedo que te echas a correr sin aparente explicación? Es decir, para las personas clarisensibles **los ángeles claramente se comunican a través de las emociones**, incrementándolas para dar la guía que se necesita. Estas personas tienen la habilidad psíquica llamada *clarisensibilidad*, que significa: *sentir claramente*. Es la habilidad psíquica más común en las personas.

Visuales

Habilidad psíquica: clarividencia

Son las personas que entienden el mundo *a través de observarlo*. Para aprenderse algo, prefieren verlo; así, para aprender un oficio prefieren ver cómo se hace, prefieren ver a una persona para hablar con ella o leer los papeles para tomar una decisión y en general con base en lo que *ven* forman una opinión.

Lenguaje que usan: ellos dicen "vamos a ver este asunto", "esto no se ve bien", "a esto no se le ve buena cara", incluso para preguntas relacionadas con sentimientos, suelen decir cosas como "vamos a ver, ¿qué tienes?", "yo lo que veo, es que si te quiere", "te veo confundido".

Tienen buena memoria visual, aunque puedan olvidar el nombre de una persona, les es más difícil olvidar una cara. Mientras que el visual "registra" cómo se viste una persona, al "sensorial" no se le olvida cómo le hizo sentir estar cerca de esa persona, si inspira confianza o no, si es de fiar, si es amable, claramente puede sentir posibles enfermedades o guiarse a través de pre*sentimientos*.

Como podemos ver, obtenemos información de distinta manera. A una persona visual hasta lo que come le gusta "que se vea bonito", busca la estética en todo. Para disfrutar un libro, las personas visuales valoran que incluso estéticamente se vea bien. Que la portada esté linda —"padre"— por ejemplo.

Los visuales confían más en lo que ven. A algunos, el ver la vestimenta de una persona ¡les da mucha información!, deciden si es pulcra, ordenada, jovial, meticulosa, interesada en el dinero, descuidada, o nombran a la persona de acuerdo con su determinado estilo... lo que significa que **ver para ellos es información**. Hacen lo mismo en las casas que visitan, ¡observan todo! ¿Eres tú una persona visual? La habilidad psíquica que desarrollan es la *clarividencia* o *ver claramente*.

Por lo tanto, los ángeles saben que para ellos las señales tienen que ser muuuy visuales, a través de lo que ven, ya sea en sueños —*sueños premonitorios*— o que se les presentan a través de *ver plumitas de aves, ver números repetitivos, como el 11:11, 3:33,*

4:44, etcétera; *el que veas mariposas u otros seres alados de manera repetitiva...* todas estas son señales visuales de *Su* presencia.

Los ángeles hacen que notes, que veas frases en espectaculares a través de las cuales dan respuestas, material repetitivo que leerán. Entre más se desarrolla esta habilidad psíquica, llamada clarividencia, quien la posee puede ver una suceción de imágenes como si fuera la vida de la persona con la que está interactuando viendo, "su película de vida" para que comprendas algún mensaje o bien para hacerte saber algo que va a suceder y te preparan para ello. Esto sucede mientras más desarrollada esté.

Auditivos

Habilidad psíquica: clariaudientes

Estas personas prefieren escuchar para entender lo que les sucede, prefieren *que les expliquen* lo que hay que hacer antes de hablar y de tomar una decisión. ¡Son muy buenos escuchas! Si eres desesperado para escuchar y te gusta que las personas vayan más bien "al grano", entonces ésta no es la tuya.

Saben distinguir perfecto los tonos y suelen tener una excelente audición, a menos que se deba a otros problemas internos en el oído, mas no necesariamente a un problema de audición. Por eso, los ángeles saben que si eres una persona auditiva a través de *sonidos* y *frases* que puedes escuchar llamarán tu atención y te darán *su* guía.

Lenguaje que usan: "mejor platícamelo", para mostrar que te siguen y que te entienden afirman diciendo "sí, te escucho", "escuchaste lo que te acabo de decir", "no sé si te das

cuenta de lo que estás diciendo", "te oigo y no lo creo." Demuestran que el mundo lo descifran a través de escuchar. "Quisiera escucharte decir que me amas."

Suelen ser también amantes del silencio, lo disfrutan inmensamente o son personas muy musicales. Registran muy bien los distintos tonos y texturas del sonido y hasta los sonidos muy pequeños. Ellos pueden desarrollar más fácilmente la habilidad psíquica de la *clariaudiencia*, que significa: *escuchar claramente*. Es la menos común de todas las habilidades.

Intelectuales

Habilidad psíquica: clariconocimiento

Lo más natural en estas personas es *analizar la situación y racionalizar su manera de actuar*. Si no entienden el propósito de algo, o no les parece coherente, es muy difícil que actúen si carece de *lógica*. El mundo es algo que analizan y *piensan* todo lo que viven. Racionalizan incluso hasta lo que sienten. ¿Será correcto que sienta esto, en este momento? ¿Es normal sentirse así?

Los ángeles se comunican con ellos, por lo tanto, a través de *pensamientos repetitivos*, porque es a lo que más le ponen atención. ¡Se la pasan pensando y analizando! Les llegarán, por lo tanto, ideas que se les repiten como el "háblale a tal persona", "compra ese libro", "ve a tal lugar", "te está diciendo la verdad", "acepta esa invitación". Es como un recordatorio en su mente, hasta que lo hacen o la otra persona los llama y le dicen cosas como: "¡¡te lo juro que he estado pensando en ti muchísimo, estaba pensando en hablarte, pero ya me ganaste!!"

Lenguaje que usan: frases como "pienso, luego existo", "déjame analizarlo y te comunico mi decisión", "necesito pensarlo", "¿y tú qué piensas?", "yo pienso que esto no se puede decidir sin pensarlo bien."

¿Puedo tener de varias? Sí, puedes tener varias habilidades, de hecho tenemos un poco de todas desde un inicio, pero lo importante es ver cuál es **la principal habilidad** y **la segunda que uses más**, si es que las sientes muy cercanas ambas. ¿Para qué? Si sabes identificar cuál es, entenderás cómo se comunican tus ángeles contigo para darte un mensaje claramente. ¡Su línea directa contigo!

"¿Bueno? ¿Quién habla? ¿Arcángel Miguel?, permítame, ¡deje lo canalizo a través de mi habilidad psíquica principal!, ¡aunque le aviso que hoy tengo todos los canales muy abiertos!", más o menos así, ¿ok?

Muchas personas confunden o juntan varias habilidades que no son su principal habilidad; es tan obvio o natural lo primero que usan para entender y descifrar este mundo, que la hacen menos.

Ejercicio: Encuentra tu habilidad psíquica reconociendo lo que te atrae de una pareja.

Reafirma en este momento tu habilidad psíquica principal con este ejercicio. Piensa en lo que te fijas más al buscar o decidir mantenerte con una pareja:

El sensorial o kinestésico busca una pareja que lo apapache, que tenga mucho contacto físico, le encantan los abrazos, el acurrucamiento, palabras bonitas y detalles. Puede ser "feo"

el galán digamos, o no tan atractivo, pero al sensorial le encanta pasar tiempo de calidad con él. Se divierten juntos o dicen "es tan simpático que no me importa tanto su físico", "¡tú sólo bésame!" Les importa mucho, sentirse bien, *bonito* con su pareja.

El visual busca personas visualmente atractivas, ¡es una prioridad! Y ellos mismos le invierten en verse bien. El prospecto definitivamente les tiene que gustar, se tiene que ver guapo(a), si no les gusta físicamente cómo se ve, es muy difícil que quieran algo más con esa persona. A algunos les suele molestar que las otras personas se vean mal, que combinen mal los colores al vestirse, que no se vistan visualmente atractivos o que incluso estén pasados de peso. ¿Por qué verse mal, si se pueden ver bien?

Aquí no les importa como prioridad que sean taaaan inteligentes, melosos, simpáticos o buenos escuchas, pero que se vean *atractivos* (o como modelos, de preferencia) suele tener más importancia. Buscan un tipo particular de color de ojos, un patrón de vestimenta tal vez, que les resulta el más atractivo, etcétera. El punto es: ¡se tiene que ver guapo(a) y gustarles físicamente de-fi-ni-ti-va-mente!

Al auditivo le encanta poder platicar con su pareja, porque es muy importante para él, sentirse escuchado, le encanta escuchar a su pareja, ir a escuchar conciertos, buena música, generalmente les gustaría tocar algún instrumento y si el galán o galana aprecia lo musical, le va a encantar. O pueden pasar momentos muy satisfactorios sólo en silencio. Sabe estar en silencio y sentirse acompañado.

Al intelectual no le importa tanto cómo se viste, ni cómo se ve, ni anhelan tanto el contacto físico tampoco, sino que tienen que poder *admirar* a su pareja. Es igual de prioritario, como para los visuales que se vea bien, para ellos el que sea una persona *inteligente*. No les importa tanto que esté tan guapa, pero si no conecta dos neuronas desde su percepción, entonces no le interesa para más. Definitivamente necesita estar al lado de una persona a la que admire, que le guste leer o se sienta orgulloso de sus conocimientos.

Ahora, si crees ya tener una idea muy buena, de cuál es tu habilidad principal, en lo que más te fijas... *AJÁ*, ahora observa cómo has elegido a tus parejas en el pasado, echa un vistazo para atrás, lo que dices que era lo más importante y lo que en verdad elegiste o necesitabas más. Y las razones por las cuales terminaste esas relaciones. ¿Qué decías que les faltaba? Eso es lo más importante para ti. Ahora sí verás la verdad... **No lo que crees, sino lo más natural en ti.**

Puedes decir que lo que más te importa es *su trato* (*sensorial*), pero aunque te trajeran rosas todos los días, si no lo considera inteligente o lo admiras te cansarías de él. Entonces eres primero más *intelectual* y en segundo lugar más *sensorial*. O si dices, lo que más me importa es que sea inteligente y que lo pueda admirar (intelectual) y te presentan a la niña(o) inteligente, analítica(o), con capacidad de síntesis, estudiada(o), con su carrera y hasta maestría si quieres, y son más como hermanos que como una pareja, entonces no te sientes lleno, y sientes que te falta más apapacho. En ese caso serías más sensorial primero y en segundo más intelectual.

O una niña que es monísima, tierna y cariñosa o el galanazo más caballeroso, sensible y educado, de esos que te dicen "qué buen partido", y a ti no te genera ni cosquillas en el estomago... a lo mejor te gusta su forma de ser, pero no te gusta

físicamente y hasta un beso te cuesta trabajo darle, entonces eres más visual.

Creo que ya quedó claro, y a medida que pongas más atención a esto, lo irás descubriendo cada vez más claro, en algunos casos toma tiempo no te preocupes. Anota:

Mi habilidad psíquica principal es: _____

La segunda habilidad psíquica que más uso es:

_____

El punto es que a medida que te des cuenta cuál es la que más usas, te darás cuenta cómo te están enviando señales, mensajes o alarmas tus ángeles. Le puedes pedir a tus ángeles para que te comuniques mejor con ellos:

> Queridos ángeles, les pido que me den
> señales claras y contundentes
> de tal forma que yo las puedas entender,
> les doy permiso de que se expresen en mi vida,
> y me guíen al escenario donde soy más feliz.
> Gracias por darme siempre.
> Así sea, así ya es.

Mensaje angelical vs. alarma angelical

El Arcángel Miguel es el arcángel que nos protege de situaciones de peligro y lo hace de manera contundente, así que puedes escuchar un ¡CORRE!, sin saber de dónde provino o quién lo dijo, y sólo hacerle caso.

La diferencia entre un mensaje angelical y una alarma angelical es que la alarma tiene que ver con tu seguridad y las emociones que te transmitirán entonces, *temporalmente* tendrán que ver con algo de tensión, con un cierto estrés, cansancio, sensación de urgencia, hasta que o bien libres lo que tenías por delante, o enmarcan fuertemente que estaban ahí alertándote, *protegiendo y amándote*, en un momento por el que era importante que pasaras para tu aprendizaje y crecimiento. Por tu libre albedrío respetan la decisión que antes de *encarnar* tomaste.

Un mensaje de los ángeles jamás te deja vibrando en miedo porque es lo contrario a su esencia amorosa, si alguien te da un mensaje de los ángeles te genera paz y seguridad, alegría; aunque implique incluso tocar un tema doloroso, de manera *mágica* o sin explicación, te darás cuenta que te regresa a la paz.

Y una **alarma angelical** la dan sólo para *impulsarte* ya sea a dar un brinco, a moverte, correr o despertarte repentinamente para ayudarte ante algún peligro, como salvar a tu bebé de que se lastimara en su cuna. Para moverte del carril, dando un volantazo y evadir el coche que venía en sentido contrario o impulsarte a correr por tu vida, por dar algunos ejemplos.

El mensaje lo entregarán entonces, de acuerdo con tu habilidad psíquica principal, a través de tu sensibilidad corporal, tu intuición, de lo que ves, a través de lo que estás oyendo o a través de pensamientos repetitivos, pero en la alarma tendrás un mayor sentimiento de urgencia que te ayudará a actuar. Repito que sólo es temporal, como una alarma es sólo por un momento.

Ataques psíquicos o explosión psíquica

En el capítulo anterior mencionamos cómo la adolescencia es un despertar de las habilidades psíquicas. Para mí, la adolescencia fue sin duda un muy momento muy psíquico, comenzando desde la pubertad y ya para los 15 y 16 años, con todo mi corazón le rezaba a Dios llorando, que por favor me hiciera una niña *normal*. Cada noche, antes de dormirme tengo la costumbre de orar y de dar gracias, en esa época recuerdo que siempre le pedía que yo ya no quería sentir "tanto", saber las cosas que iban a suceder y mucho menos cuándo iban a morir mis papás.

No quería saber acerca de su muerte, me angustiaba pensar que no pudiera llegar a ayudarlos, ¡llegué a querer hacer *un pacto* con Dios!, ya que no veía yo que cambiara mi sensibilidad, le dije "bueno, el día que mis padres estén próximos a fallecer, llévame a mí primero mejor, por favor", "no soportaría el dolor", pensaba; después reconsideré: "no, eso sería dejarles el dolor a ellos y a mis hermanos", no tampoco funcionaba y de ninguna manera que pensaba funcionaba, y ni yo cambiaba a ser *una niña normal*. Así que por eso y por muchos otros ejemplos comprendo la angustia y a los que sufren al tener sueños premonitorios, a los niños y el miedo a *saber*. Sin duda, esa angustia la terminas superando y comprendiendo, ya que todo, te aseguro, tiene un propósito en cada caso. Y la información que te lleguen a dar también tiene una razón de ser.

Mis padres no iban a morir en esa etapa, los ángeles lo sabían y también era perfecto que yo NO me volviera una niña *normal*, para aprender y enseñar después. ¡Tu misión es tu misión, y no puedes escapar de ella!, la entiendas o no. Enseñar cómo incluso somos *más normales* al hacer uso de las habilidades psíquicas natas en nosotros los humanos, ¡no utilizamos todo nuestro potencial! Al contrario, entendí que no eres raro, sino que *entre más uses tus habilidades psíquicas eres más normal*, ya que es lo más natural en ti y significa que has quitado ciertos bloqueos. Es como saber caminar, teniendo la habilidad de correr y no querer hacerlo por miedo. Sólo recuerda:

> Dios conoce tus talentos mejor que tú
> y cada oración o plegaria siempre son escuchadas.

Como parte de los ejemplos de los fenómenos que puedes experimentar a partir de la adolescencia con más fuerza están los **ataques psíquicos.** Son el equivalente a los *ataques de pánico*, aunque la diferencia es que éstos los vives **antes** de que el hecho que te perturba suceda.

Un ataque psíquico NO significa que alguien te pueda atacar, estas ideas de que alguien te puede atacar a la distancia sólo pueden ser reales en tu mente, y si así lo elijes. Pero nadie puede hacerte daño sin tu consentimiento y eso aplica en cualquier área de tu vida. Jesús explica en *Un curso de milagros*:*

> "Ves el ataque como una amenaza real. Esto se
> debe a que crees que realmente puedes atacar.
> Y lo que tendría efectos a través tuyo también
> tiene que tenerlos en ti."

---

* *Un curso de milagros*, Foundation for the Inner Peace. Mis pensamientos de ataque atacan mi invulnerabilidad.

"Puesto que no podrás sino proyectar tus
pensamientos de ataque, temerás ser atacado. Y si
temes ser atacado, es que crees que no eres
invulnerable. Los pensamientos de ataque, por lo
tanto hacen que seas vulnerable en tu propia mente,
que es en donde se encuentran. Los pensamientos de
ataque y la invulnerabilidad no pueden aceptarse al
unísono, pues se contradicen entre sí."

La enseñanza de Jesús nos dice que siempre te atacas a ti mismo primero. Es decir, le das realidad al ataque porque todavía crees que tú mismo puedes atacar. Si proyectas tus pensamientos de ataque sobre otros, temerás ser atacado. Por eso te repito, tú no puedes ser atacado, atrapado como un virus, o como si no tuvieras control. El bendito hijo de Dios es invulnerable.

Por eso, de manera alternativa podemos llamarlos, en vez de ataques psíquicos, que en ti sucede una *explosión psíquica*, cuyo propósito es anticiparte a algún suceso por venir. Te explico con un ejemplo:

Era un día antes del gran terremoto en la ciudad de México que sucedió el 19 de septiembre de 1985. Aún había luz y mi madre me preguntó si deseaba subir un rato con ella a visitar a una vecina que vivía unos cuantos pisos arriba, dentro del mismo edificio. Le dije que prefería quedarme y ella insistió en dejarme el número telefónico de la vecina, *por cualquier cosa* y sabiendo que no podía hacer nada por cambiar mi opinión, se llevó solamente a mi hermana menor de 8 y a mi hermanito que al día siguiente cumplía 4 años. ¡Yo ya decía ser grande, tenía 10!

En cuanto se fue mi mamá, ¡corrí a la cocina y busqué la muy querida bolsa de dulces!, que sólo podíamos comer de manera administrada, ya que como buena madre nos los media. Feliz de encontrarlos, los serví en un recipiente y, de nuevo, corrí ahora al cuarto de mis padres para darme otro placer medido; corrí a prender la tele, la cual también era permitida sólo en ciertos horarios y sólo ciertos programas; nada de tele-novelas, ni mucho tiempo de televisión.

Mi papá era de la idea de que los niños debían de correr, jugar y entretenerse de otras maneras y no quedarse embobados con la televisión. Lo cual fue perfecto para mi sensibilidad y educación, ya que tampoco me dejaron ver programas, pelícu-las violentas o de miedo. ¡Nunca vi una película de terror hasta que estuve en la preparatoria! Y eso ya fue decisión propia claro, tenía curiosidad de conocer por qué les emocionaba tanto a algunos, eso de ver cosas ¡que a mí me asustaban desde niña!, así que decidí probarlo por una ocasión. ¡Listo!, debut y des-pedida, ahora he aprendido de los ángeles que en el camino espiritual entre menos miedo tengas acumulado, menos tie-nes que *limpiar* y puedes vibrar así en una frecuencia más alta.

O vibras en miedo o vibras en amor.

El punto es que estaba haciendo mi travesura del año, había preparado mi recipiente de dulces, estaba acostada en la cama de mis papás, que de niños nos parece tan grande y tenía el control de la tele para mi solita. ¡Ah, qué más podía pedir!

Al estar viendo ya un programa acostada, de repente, simplemente *SUPE* que había algo "malo" en la casa. No enten-

dí, pero SENTÍ que era algo *muy malo*, *muy peligroso* y que mi vida misma estaba en peligro. Al instante entró mi parte racional, ¿pero qué pasaba?, ¿de qué me daba miedo de repente? ¿Qué peligro podía haber si no había cambiado nada aparentemente?, y pensé que tal vez alguien había entrado a la casa y que por algún ruido me había asustado sin darme cuenta, esa fue mi teoría, así que decidí empezar a recorrer el departamento cuarto por cuarto, clóset por clóset, baño por baño, ¡hasta que encontrara la razón de mi miedo!

Al salir del cuarto de mis padres, ya había oscurecido, así que todo el departamento estaba ahora a oscuras, lo cual hizo más difícil empezar a recorrer la casa. Fui prendiendo la luz cuarto por cuarto con el miedo y la adrenalina de encontrar a la persona que se había supuestamente metido a mi casa, así recorrí todo el lugar y mi miedo y mi desesperación crecía a medida que avanzaba, no tenía lógica alguna lo que mi intuición me decía ni lo que sentía, ya que no veía dónde estaba el peligro. Lo que veían mis ojos no coincidía con mi sensación. Sin embargo, seguí hasta el mismísimo baño del cuarto de servicio.

Cuando abrí esa última puerta y me di cuenta de que no había nadie, el miedo era ya incontrolable, ¡estaba en pánico!, el "mensaje" de estar en peligro no me hacía lógica alguna, sin embargo la sensación crecía y crecía sin sentido. Corrí a la sala y recuerdo haber sentido como una explosión de miedo en mí, como si la casa misma estuviera estallando y entré en pánico. Yo nunca había vivido un terremoto, no entendía lo que sentía, pero intuitivamente corrí a protegerme debajo de una mesita de madera que había en una esquina de la sala.

Estaba viviendo el pánico del terremoto de manera anticipada y entré en un estado de *shock*, como si la casa misma se estuviera ya viniendo abajo. Recuerdo aún la sensación de dolor en mi pecho cerrado por la angustia y el estar llorando sin control. Estaba debajo de la mesa "hecha bolita" sin entender por qué lo hacía y, al mismo tiempo, intentaba reflexionar si ya me había vuelto loca por actuar de esta manera.

Por más que mi lógica me decía sal de ahí y llama a tu madre, no podía salir debajo de la mesa por el miedo inmenso que sentía, me tomó algo de tiempo y valor —para una niña de 10 años— salir de ahí, tenía que avisar a mi madre de esto que estaba sintiendo, y que había algo "muy malo" en la casa.

Por fin salí y corrí, sintiendo que el mismo techo se me fuera a caer encima, marqué lo más rápido que pude y al contestar le expliqué a mi mamá que estaba bien pero le pedía bajar de inmediato. Ella lógicamente se alarmó y me preguntó si me había pasado algo, si me había lastimado, le expliqué que todo estaba bien, ¡¡pero que tenía que venir!! Ella sin entender lógicamente, me decía que no me iba a castigar pero que le dijera qué me pasaba. Sin más me pidió que me tranquilizara, y bajó rápidamente con mis hermanos.

Al llegar a casa se dio cuenta de que todo estaba en su lugar, fuera de unos dulces claro, y no entendía mi estado. Me preguntó por qué me había puesto así; yo lloraba sin control y le decía "que había algo muy malo". Algo malo iba a pasar y no lo podía explicar; ella en su intento de cambiar esa idea y de que me tranquilizara, recorrió toda la casa conmigo una vez más, y me decía: "No hay nada malo, ¿ves? Estamos seguros, tal vez te asustaste porque te quedaste sola".

Sentía una gran impotencia de no saber explicar y, al mismo tiempo, mucha pena y vergüenza por haber sacado así a mi mamá de casa de su amiga. Me llevó a recostar a mi cama, después de muchos abrazos y paciencia de parte de ella por calmarme, estaba ya más tranquila y al momento de cobijarme en mi cama, me senté de inmediato como si me empujara un resorte y me levantaba. Mi madre no sabía qué más hacer conmigo, y yo le decía "mamá, no debo dormir esta noche en mi cama".

Mi mamá finalmente aceptó que me fuera a dormir con ella esa noche, mi padre no estaba, había salido por trabajo fuera de la ciudad de México y regresaría en unos días, así que me llevó a dormir con ella y fue lo único que me pudo calmar por fin.

¡Cuál sería nuestra sorpresa! Al día siguiente, justo antes de irnos a la escuela, ya que mi madre nos llevaba caminando a mi hermana y a mí todos los días, pero por la misma **intercesión de los ángeles**, nos detuvieron a cerrar la puerta justo en ese instante; inesperadamente llegó la vecina de enfrente a dejarnos las llaves de su casa, para que hiciéramos favor de dárselas más tarde a sus hijas, al parecer instalaban su línea telefónica ese día y ella no podía estar. ¡Qué *Dioscidencia!*, de nuevo en tiempo perfecto.

Mi madre tomó las llaves y durante ese pequeño retraso, justo en este instante empezó a temblar, empezó de manera suave, con movimientos oscilatorios, y mi hermana soltó un grito de alegría, ya que días antes del terremoto había estado temblando y mi hermana no los sentía, yo le decía "la tierra se está moviendo" y corría en círculos, "está temblando", le decía, y me parecía muy divertido sentirlo y finalmente nos tirábamos riendo en la alfombra, después de correr en círculos y marearnos. Ella me decía que no sentía nada y que no le gustaba no sentir, jamás pensé que "eso" que yo conocía como temblor estaba a punto de cambiar dramáticamente...

Mi hermana corrió al recibidor y me gritó ¡ahora si lo siento Tania!, ¡ven vamos a correr! Y empezó a dar vueltas en círculos como los días anteriores. Yo estaba paralizada, no pude moverme, me quedé en la puerta y empecé a entender que ya estaba sucediendo, que tenía frente a mí "eso malo" que no había podido explicar con claridad la noche anterior, y que ponía en riesgo nuestra vida. Empecé a sentir en mi pecho la misma angustia, el mismo terror, y la sensación que estallaba en mi interior, sólo que ahora no me movía, y no gritaba, estaba reviviendo lo que no me hacía sentido alguno la noche anterior.

Comenzaron a estallar las grandes ventanas del balcón, toda la casa crujía y las cosas se caían. Hasta los mismos azulejos se despegaban de la pared. Mi hermana, ahora asustada, corrió de regreso a la puerta, y mi madre nos abrazaba con fuerza protegiéndonos. Al ver que no paraba el temblor, mi madre se volteó hacia mí y me dijo "cuida a tu hermana, voy por tu hermano que lo dejé a dormir en tu cama".

Me sentí completamente angustiada de saber que mi hermanito, era quien había terminado acostado en mi cama. No tuve tiempo de decir nada, cuando mi madre ya había corrido por él. A ella le tocó la peor parte del temblor, al menos físicamente hablando, al tener que entrar por el pasillo que llevaba a los cuartos, las puertas que se abrían y cerraban solas la golpearon, y al final del pasillo había un gran librero de piso a techo, del cual le cayeron libros encima, tirándola. Y cuando por fin pudo

llegar a donde mi hermano, al levantarlo, una parte de la pared se desplomó sobre la cama; apenas pudo rescatar a mi hermano. Lo protegió con su vida de regreso y esperamos todos juntos bajo el marco de la puerta a que terminara esa pesadilla. Aunque fueron unos minutos, pareció eterno.

Al terminar el temblor, no sólo era el miedo y el shock de lo recién vivido, estaba sorprendida, ¿cómo es que había sentido esa angustia la noche anterior?, ¿cómo había sabido cuando empezó a temblar suavemente que ya venía eso *malo* que me habían prevenido? Era real, había sido lo que es conocido como un **ataque psíquico**. Un episodio donde una persona muy sensible o psíquica experimenta lo que va a suceder antes de que suceda, lo vive, pero al ser algo dramático sufre o lo experimenta con la misma intensidad que si ya estuviera sucediendo. Porque en realidad ya está ahí, sólo que la persona lo percibe antes.

Tal como algunos lo han dicho de los animales o como los perros, no dejan de ladrar exageradamente o de aullar cuando sienten que algo malo va a pasar, así de igual manera. **Entre más grande y peligroso sea lo que está por suceder, más grande es la angustia y el miedo inexplicable.**

Ese fue el último día que vivimos en ese departamento. Salimos tomados de la mano entre escalones rotos y paredes del cubo del elevador caídas. El edificio no cayó, pero quedó ladeado, inhabitable, perdimos la mayoría de las cosas que ahí quedaron. Ese mismo día buscamos alojamiento en casa de unos amigos. Al final la historia tuvo un final feliz, ya que mi familia, que es lo más importante, seguía junta y a salvo y sólo venía un nuevo comienzo.

¿Qué podemos aprender de esta situación?

Puede ser que no te des cuenta, pero en todo momento de estrés, de preocupación, de angustia o en los más terribles de tu vida que puedas imaginar, o incluso si estás sin ningún problema aparente, siempre eres guiado por los ángeles. Y ahora te darás cuenta cada vez más de sus avisos y cómo **siempre** los dan. Tus ángeles se pueden comunicar a través de *mensajes angelicales, alarmas angelicales o ataques psíquicos.* Ahora cada vez que sientas una sensación de angustia alarmante sin razón, sabrás que detrás de eso, que no parece tener sentido hay sin duda una guía divina y ahora estarás abierto más fácilmente a observar qué se requiere de ti.

Diferencia entre alarma angelical
y ataque psíquico

En cuanto a los "ataques psíquicos"; los experimentarás pocas veces en tu vida, afortunadamente, ya que a diferencia de las "alarmas angelicales", temporales y súbitas, los ataques son *eventos muy fuertes que marcan tu vida.* O te dan estos ataques por adelantado, por sucesos de dimensiones muy grandes que incluso pueden suceder en el planeta.

De acuerdo con tu nivel de conciencia es como vives estas experiencias; hay personas que sólo se alterarán y pasarán entonces de un *sentimiento* a otro. Eso no es lo que se requiere de ti, si no que aprendas a diferenciarlos y hacerlos de utilidad. Ser psíquico no significa que te la pases sintiendo "lo de otros" sin parar, sin saber controlarlo, y eso tampoco te hace más especial.

Es de utilidad manejar tus habilidades como saber caminar, respirar: es igual de natural. Sólo que requieres saber identificarlas primero, y saber cómo mantenerte en tu centro, entrenando tu mente y sobre todo manteniéndote con una práctica espiritual.

Cuando digo que a través de **ataques psíquicos** los ángeles también te comunican fenómenos naturales por suceder en el planeta. Me refiero a fenómenos como tsunamis, huracanes, temblores de gran magnitud, incendios; te avisan con tiempo, en caso de que no necesites vivir esa experiencia, o bien para irte preparando si es parte de tu aprendizaje.

Después del gran terremoto de 8.1 grados en la ciudad de México —el más fuerte y mortífero hasta el momento en su historia— no volví a sentir nada parecido hasta unos días antes del tsunami de Asia. Este tsunami se debió al terremoto submarino del océano Índico sucedido el sábado 25 de diciembre de 2004, afectando principalmente a Indonesia, Sri Lanka, Tailandia, Maldivas, Malasia, India, y hasta en África se registraron daños serios. Según las Naciones Unidas (ONU), dejó un total de 229 866 pérdidas humanas, por lo cual la catástrofe es considerada como ¡el noveno desastre natural más mortal de la historia moderna!

El terremoto fue de una magnitud de entre 9.1 y 9.3 en la escala de Richter, fue entonces considerado como el tercer terremoto más grande registrado desde la existencia del sismógrafo (1875). Formó olas que llegaron a los impresionantes 30 metros.

Es muy probable que mucha gente, siendo *clarisensibles*, pudieron haberse sentido raros, con una gran tristeza sin saber por qué. O la confundieron con depresión tal vez, con insomnio o pesadillas unos días o hasta una semana antes. Por eso insisto que sentirse mal o raro no es normal. Si no sabes a qué se debe, puedes preguntar a tus ángeles de dónde proviene esta sensación y ellos te responderán; si no te queda claro en el momento, sin duda les puedes pedir señales que te ayudarán a comprenderlo en tan sólo unos momentos, días, o puede tomar hasta meses o años para que comprendas completamente el alcance de uno de sus mensajes.

En este caso, fue una semana antes del tsunami, cuando venía manejando de regreso de una reunión con unos amigos. Era la una de la mañana, y venía disfrutando de la música en mi coche, cante que cante y observando la hermosa luna creciente que había esa madrugada. Sin embargo, sentí repentinamente una tristeza profunda, de verdad profunda, con unas repentinas e inmensas ganas de llorar, como cuando sientes la pérdida de alguien que amas. Me asusté y era tal el "dolor" que sentía en mi corazón que me tuve que orillar, tan sólo una cuadra antes de llegar a mi casa.

Con el coche detenido, me sequé las lágrimas y decidí orar, le pedí encarecidamente a los ángeles que me dijeran si otra vez iba a temblar en México, como en el 85, ya que no había sentido nada así de fuerte desde ese *ataque psíquico*, y ahora de nuevo parecía llegar una tristeza inmensa de la nada. Les pedí que si era así, que esta vez pudiera informar a otras personas. Quería poder ayudar al mayor número de personas que me fuera posible. Tras una pausa de silencio, suavemente sentí una sensación que me calmaba y suavemente contestaron a mi pregunta con un *no*, aunado con un sentimiento de paz.

Me hacían saber que venía un gran "dolor" para el mundo, y muchas almas se unirían, en dolor primero y posteriormente en forma de ayuda. Sólo pregunté "¿sucederá en México?", ellos, a través de sensaciones e imágenes, me hicieron saber que era muy lejos de mi hogar. Pregunté si podía ayudar de alguna manera, y me contestaron, "*lo harás*".

Cambió la sensación dentro de mi coche y no dijeron más, sin embargo, me quedé tranquila después de su amorosa intervención. Siempre dejan una sensación de paz, y ahora había aprendido a manejar un *ataque psíquico* de una mejor manera (a diferencia de cuando tenía 10 años), ahora sabía cómo actuar con asertividad. Confirmé que en ocasiones no hay nada más que se te pida o que puedas hacer, más que orar, que no es poco. Más adelante descubriría la *otra forma* de ayuda que iba a dar.

Sin más avisos angelicales, seguí con mi vida y salí a los dos días de la ciudad de México de vacaciones a la hermosa ciudad de Oaxaca. Era Navidad, viajaba con un querido amigo alemán, nos reunimos allá con una hermosa familia oriunda de esas tierras. Me hospedé en un pequeño hotel, sin televisor en el cuarto, y me dediqué a disfrutar de mis vacaciones, sin que tuviera forma de enterarme del tsunami que ocurriría días después.

Cuál sería mi sorpresa cuando la noche del tsunami sentí que salía de mi cuerpo al dormir, y viajaba a algún lugar donde los llantos eran muy fuertes; yo era guiada hasta ahí, el tsunami había sido en la mañana, pero yo seguía sin saberlo. Me guiaban hacia donde se oían los llantos y había muchas personas fallecidas, almas que lloraban sin entender qué había pasado. Veía que de mí salía luz, de todo mi cuerpo y de mis manos, con esa luz, envolvía sus cuerpos como si fueran vendajes de luz, ellos se tranquilizaban y aceptaban que los enviara hacia una luz inmensa.

Al darles su "envoltura", regresaban a la paz, cesaban los llantos, y recuerdo que hice eso toda la noche, ¡había tantas personas!, cuando sabía que ya iba a amanecer regresé a mi cuerpo. Al abrir los ojos, ¡me desperté sintiéndome exhausta! No entendía por qué había tantas *personas* llorando en ese "lugar" al que había ido. Mientras hacía esos "envíos" me veía a mí misma flotando y fuera de la Tierra. He llegado a la conclusión de que era para que entendiera que no estaba dentro del tiempo ni espacio que creemos, ni esas almas en la Tierra.

Sin terminar de entender, me senté e hice una oración por todas esas almas y pedí a los ángeles que me explicaran lo que había sucedido *de la mejor forma y en el mejor momento*. No necesitas apresurar ninguna de *sus* respuestas, ellos saben la mejor forma de hacerte llegar las respuestas que necesitas saber, en el momento indicado, y estando con las personas indicadas. ¡Qué sorpresa cuando me fui enterando!, un par de días después, mientras comíamos en un restaurante, en la televisión estaba la noticia del tsunami, estaba ya la noticia por todos lados.

Al escuchar la noticia, sentí una gran conmoción y la misma sensación de esa noche de regreso a mi casa, cuando me tuve que orillar. Me ayudaron a entender cuál era el desastre al que se referían y por qué me habían contestado en cuanto a ayudar a otros, solamente: "lo harás." Con esto te quiero hacer saber que tal vez no comprendas los mensajes de los ángeles de inmediato, eso está bien, porque todo sucede en tiempo perfecto. Sin embargo, los ángeles te guían todo el tiempo, te

des cuenta o no. Estás ayudando o ayudarás en formas y a personas que ellos traerán a ti.

> Pon a disposición de Dios tus dones, los que conozcas y los que no, pon a *su* disposición todas tus preguntas y te sorprenderás de cómo se incrementa la comunicación con tus ángeles. Ya sea a través de mensajes, alarmas angelicales u ataques psíquicos.

Esa noche dormí dando gracias por esta sensibilidad, por tener la fortuna de poder ayudar. Hoy podía confirmar que de esta manera, podía ser de servicio estando cerca o a distancia. Qué alegría y qué bendición *su* poder, más allá de nuestras mentes no entrenadas y de nuestra limitada comprensión.

La alegría es inminente, mientras inminente
es tu deseo de ayudar.

7. La transición a tu misión de vida y los contundentes treinta

"Entre mayor es el miedo, más grande
la misión a conquistar.
Entre más grande la lección, más grande
el paso que darás."

Tania Karam

El camino espiritual que elegiste

El momento más fuerte donde **se dispara tu misión de vida** se da a los 30 años. ¿Qué significa? ¡Que a "moverte el tapete" se ha dicho! Grandes cambios, eventos importantes en tu vida. Y al estar cerca que se dispare tu misión de vida, los 28 y 29 se vuelven años muuuy interesantes que te prepararán para el giro que necesita tomar tu vida. Vienen cambios, de los más importantes para tu despertar.

¿Para qué sucede esto? Para que practiques los temas que más necesitas aprender, lo que más necesitas recordar y sanar; vivirás las experiencias que más necesitas para trabajar esas partes heridas, dolidas y con más miedo en ti. ¡Te espera un gran brinco espiritual! Así como lo que ese brinco te anuncia: dónde está tu felicidad.

Te ayudarán a crecer para que aceptes la versión más SANA de ti, y eso sólo puede suceder trayendo luz a las partes oscuras, no vistas de ti. ¡Suena a un gran reto! Nada que temer, sólo mucho que hacer. Atención: lo que sucede a los 29 te lleva a cómo comienzas los 30, es lo que elegiste como camino espiritual para despertar; lo que haya pasado ahí te da una gran pista de lo que vienes a trabajar y a disfrutar en tu misión de vida.

En esa edad tocas:

1. Tus grandes temas por sanar
2. Tu vocación de vida
3. Personas que eliges que son camino importante en tu despertar espiritual

Cuando a tu alma le preguntaron, ¿cómo te ayudaremos a recordar? Aceptaste ciertos sucesos por los que pasarías, y aunque hoy no lo recuerdes, tus más grandes retos los elegiste tú. Todo suma para tu gran despertar y ese plan tuvo su "visto bueno", confeccionado a la medida por la fuerza del más grande amor.

Ese plan es diseñado de acuerdo con la voluntad de Dios. Los ángeles se encargan de acompañarte a lo largo de ese plan que elegiste para tu vida. Tú aceptas esos retos, esos cambios, ese crecimiento, y al aceptar ser luz en tu vida, ya estás aceptando serlo en la de los demás.

Cuando tú le dices a alguien que le envías luz, lo que estás pidiendo para esa persona es que COMPRENDA, para que no repita de nuevo una experiencia dolorosa o para que cambien las emociones relacionadas con lo que está viviendo. Al comprender, crecemos escalones de conciencia hasta llegar a sentirnos UNO con la LUZ. *Comprendemos, por eso dejamos de sufrir.* Por eso la intención de los ángeles es que perdones, comprendas y ayudarte a que dejes de sufrir. Ya que todo sufrimiento es mental, cuando comprende tu mente, dejas de sufrir.

Jesús, como maestro espiritual, enseña que *primero se perdona y luego se comprende*. No podemos comprender, sin perdonar el ataque que vemos, o no alcanzamos a entender el propósito que las cosas tienen en su momento. La transición comenzará silenciosamente, entre más fuerte sea el suceso que vivas, más grande la misión y la señal de la felicidad que está implícita en la forma terrenal que adopta. Recuerda:

> Todos estamos colocados donde servimos más o
> donde aprendemos más.

No siempre se entiende en el momento, y después conectas los puntos mirando hacia atrás, como diría Steve Jobs. ¿Cómo funciona? ¿Qué acelera que salgas de un bache, de un estancamiento? ¿Qué acelera tu despertar? La experiencia de vida me enseñó... que es cuando te RINDES. Rendirte del verbo *no puedo más* y tocas con toda humildad la verdadera rendición a algo superior, a Dios o como tú lo llames. La experiencia te hace entender que todo periodo de crisis o confusión, como sucede a los 29 para entrar a los 30, trae una gran oportunidad de crecer y de comprender... y claro, al rendirte, practicas la humildad. Entonces puedes ser guiado al siguiente paso, a actuar.

> ¿Qué es rendirte? Rendirte es entender que cuando no sientes control en tu vida, los planes de Dios son mejores que tus sueños. Cuando crees que la caída es más fuerte, Dios te recuerda que tu crecimiento es lo único inminente.

Espero que este ejemplo de mi vida te ayude a comprender qué significa que se dispare tu misión de vida a los 30 y la confusión o **crisis** que le antecede.

La crisis de los años terminación nueve

A mis 29 primaveras me encontraba en Houston, Texas. Había sido enviada ahí por trabajo, para asistir a una expo, donde uno de los proveedores de la compañía americana que representaba en México, participaba.

De manera extraña e inexplicable, a pesar de que se había hecho reservación de vuelos con tiempo, y confirmado mi asistencia, resultó que no había hotel en la zona cercana a la expo para que me hospedara, por lo que terminé quedándome en la zona de hoteles, cercana a los hospitales.

Llegó el día y por invitación de último momento mi hermano me acompañó en este viaje. Ya en el avión, de manera suave, pero perfectamente clara, al estar en pleno vuelo, escuché una voz ligera y apacible que afirmaba:

"Éste será un viaje muy importante."

¡Me alegró escuchar *la voz*!, aunque no explicaba lo que iba a suceder. Le compartí a mi hermano el mensaje que acababa de recibir. Cuando recibes un mensaje del mundo espiritual, tu frecuencia vibracional sube, puedes ver cómo te pueden llevar de inmediato a la alegría o a la paz, **es una de las funciones de tus ángeles subir tu frecuencia vibratoria**, haciéndote sentir más cerca del mundo espiritual.

Listos, desempacados y hospedados, NO TENÍA NI IDEA de lo que estaba por venir. Steve pasó amablemente por mí al día siguiente para irnos temprano a la expo. Él vivía ahí y era empleado de la compañía americana que representaba en México. Extrañamente, ya que no había llegado ni el medio día, empecé a sentirme muy cansada, cada vez más, me sentía sin fuerzas, tenía la vista nublada, y me sentía algo mareada. Decidí salir a comer algo pensando que tal vez, ya sabes, mi "azúcar" estaba baja, que se solucionaría tomando y comiendo algo.

Pero el tiempo pasaba y yo me sentía cada vez peor, cada vez tenía menos fuerza, me parecía difícil caminar, como si estuviera haciendo un gran esfuerzo por mantenerme de pie debido al cansancio. Fue cuando decidí tomar un taxi para regresarme al hotel con mi hermano, antes de que me pudiera sentir peor. Al llegar me recosté, pensando que se me había bajado la presión o algo así... la verdad no tenía ni idea. Sólo pensé que pronto se me pasaría, tal vez el viaje el día anterior... En fin, "descansa y te sentirás mejor", pensé.

A las horas recibí una llamada al cuarto, era Steve preguntando por mí, le dije lo sucedido y cómo no había querido interrumpirlo en la expo, él me insistió que me hubiera llevado al hotel él mismo, pero que le parecía bien que descansara y que

me hablaría más tarde para saber cómo seguía, para pasar por mi e ir a cenar.

Accedí gustosa, sólo que me parecieron ¡¡¡unos escasos 20 minutos!!! antes de volver a recibir su próxima llamada. ¿¡¡Cómo, ya es de noche!!? Dios, esto no iba mejorando. Le dije: "seguro necesito dormir más, Steve, es todo" estaba desconcertada, es sumamente raro que me sintiera mal. En toda mi vida, y hasta escribir este libro, no me había roto ni un hueso siquiera o tenido alguna operación, ninguna enfermedad de llamar la atención y de la nada me estaba sucediendo esto... ¡No entendía por qué no se me pasaba!

¿Qué era? En realidad no me dolía, todo parecía un malestar general, y así me resultaba más difícil imaginar lo que sucedería. Steve me dijo: "Tania, mi esposa es enfermera, por qué no le explicas lo que sientes y te quedarás más tranquila." Acepté con gusto y al pasarle el teléfono, con su suave y linda voz su esposa me preguntó mis síntomas. A lo cual ella, después de escuchar pacientemente, me contestó en inglés: "Ok, Tania, escucha con cuidado, por coincidencia yo trabajo con un doctor que atiende este tipo de síntomas, así que te voy a pedir algo. Por favor, no intentes levantarte o puedes lastimarte, una ambulancia va en camino por ti, para llevarte a urgencias." *Whaaaat!!!*¿Pues qué tengo?

Lo siguiente que supe es que estaban tocando a mi puerta del hotel, en, literal, unos minutos, y que me subían a una silla de ruedas para salir. Llegamos al hospital y primero hicieron pruebas sencillas, supongo que de rutina, al escuchar mi explicación. Checaron la glucosa, la presión, corazón... ¡y todo estaba perfectamente normal! ¿¿Normal?? Cómo puede ser, yo me siento fatal. Me costaba trabajo estar de pie ya que para este momento no sentía nada de fuerza. ¡Pues doctor, apriéteme el botón correcto!, ¿qué tengo entonces? "No sabemos, pero tendrá que pasar la noche en observación y realizaremos pruebas de sangre en usted."

¿De verdaaad? Me parecía sacado de alguna película lo que estaba viviendo. Todo parecía normal en mí, pero al mismo tiempo no entendía por qué mi cuerpo no reaccionaba. Para este punto, me costaba mucho trabajo entender y tomar decisiones rápido, porque no entendía el problema.

Acto siguiente, yo en una cama del hospital, enfermeros entrando y saliendo, sacándome tubitos de sangre, todos me hablaban y me preguntaban si sentía que me iba a desmayar, mientras me revisaban... algo... ¡qué sé yo lo que buscaban! ...todo era algo confuso.

Pero recordaba que en todo hay un plan perfecto y *siempre están dando señales de su amor*. Todo tendrá sentido cuando pasado el tiempo voltees atrás. Yo aún en medio del caos me daba cuenta de los milagros y las muestras de su amor, como esa amable mujer, la esposa de Steve, que, claro, tenía que ser una enfermera para que me ayudara de manera tan increíble. Como un ángel enviado a mi lado, ella se quedó conmigo toda la noche, se encargó de todos los trámites, me explicaba lo que no entendía y me cuidó incondicionalmente.

¿Quién se queda a dormir en una silla, en un hospital por alguien que no conoce? Yo era conocida de su esposo, colegas, pero esto iba más allá, no había necesidad, era un gesto generoso salido de su corazón, algo no esperado y totalmente con la firma de Dios.

Se paraba por la noche, me cubría con una manta y me decía "estás temblando, pero todo va a estar bien. No tengas miedo." Se quedó conmigo, sin cuestionarlo, sin conocerme, y nunca mostró duda o incomodidad al hacerlo. Al contrario, era increíblemente amable y paciente. Fue un verdadero ángel que Dios puso en mi camino. ¿Coincidencia? O ¿*Diosidencia*? ¡Por eso incluso el hotel tenía que haber estado pegado, en la zona de hospitales!

La mañana siguiente llegó...

Los resultados indicaban que ¡todo estaba BIEN!, no tenían ni idea los doctores, ni yo, de qué había pasado. Era muy extraño pero esa fue "la conclusión". Salí del hospital y ahora era momento de ver al doctor para el que trabajaba Yanny, la esposa de Steve. Era un neurólogo, el cual me recibió sin cita, gracias a que Yanny (no estoy utilizando su nombre real) trabajaba para él. Expliqué nuevamente todos los síntomas, lo de la vista borrosa, cómo sentía que las fuerzas se me iban por completo, y la dificultad para mover mi cuerpo de manera general... ¡El diagnóstico jamás me lo hubiera imaginado!, me tomó totalmente por sorpresa. "Me temo informarte que lo más seguro es que se trate de un tumor cerebral."

Otra vez, *whaaat!!??* ¿Cómo dijo? Y agregó: "y si ya está afectando tu vista, más todo esto que describes, debe de ser un tumor muy grande ya." Sentí cómo se me hundió el pecho y mis ojos se llenaron de lágrimas al instante, pero al momento mismo **de manera mágica e inexplicable** sentí como si el tiempo se hubiera detenido, se hiciera un perfecto silencio, y antes de que cayera una sola lágrima, escuché una voz suave que dijo: *"No es así."*

Era tan suave la voz y tranquilizaba como si te transportara a otro lugar. Para que te des una idea, era tal la paz que transmitía que cortó DE TAJO mis ganas de llorar. Mi cara cambió en un instante y recuperé mi voz que se había quedado en un nudo para preguntar: "¿Cómo podemos saber que eso que me dice es seguro? Yo me voy a México en dos días, y si tengo un tumor en mi cabeza de ese tamaño, como dice, pues tengo que estar segura, para saber qué medidas tomar." A lo cual el doctor contestó: "Se necesitaría hacer un MRI (resonancia electromagnética) para escanear el cerebro." "Pero lamento decirte que hay lista de espera. Tendrías que hacer una cita y esperar, o que ocurriera un milagro, porque dices que te vas en dos días."

Cuando dijo la palabra *milagro*, llamó extrañamente mi atención. Él lo decía a la ligera, pero resonó como un eco en mi corazón. Da igual, no había otra opción, me anoté y lo dejé en manos de Dios. Esa voz había dicho que no era como él decía, y estaba segura de que esa misma voz no desaparecería. Bastaron sólo unas horas más cuando nos dieron la noticia: a las 6:00 a.m. del día siguiente me tenía que presentar en el hospital, una cita se había cancelado.

¡Dios santo! ¡Todo esto parece una película! ¡Todo va tan rápido!, como si fuera necesario que fuera así, y yo sólo tuviera que seguir lo que ya estaba escrito en el guion. Tuve entonces que llamar a mis padres y explicarles lo que estaba pasando. No había querido asustarlos la noche anterior, así que todo esto era nuevo para ellos, pues al final era el primer diagnóstico que obtenía. Creo que lo más doloroso fue escuchar llorar a mi padre, aunque trataba de esconderlo, mientras él me decía que

tomaría el siguiente avión para verme en Houston antes de empezar con el estudio.

Y sintiendo una gran "fuerza" en mí le dije que no lo hiciera. "Papá esto va a pasar, no estoy enferma, yo sé."

Era difícil explicar *cómo lo sabía* de nuevo, pero la confianza es algo que vas reforzando en cada paso del camino. Y este camino terminó reforzando lo más importante, y que un día me iba a permitir estar parada frente a un auditorio lleno de gente. El camino del amor es perfecto aún cuando no lo entendemos.

Aunque mi padre insistió todo lo que pudo, le hice ver que para cuando él llegara, de cualquier manera yo ya habría pasado por el estudio, así que de cualquier modo tenía que ir sin que ellos pudieran estar. Hay caminos que sólo podemos transitar solos, acompañados por nuestros ángeles y el amor de las personas que amamos.

Alrededor de las 5:00 a.m. me recogía Steve en el hotel, ahora él de manera sorprendente se había ofrecido a llevarme y acompañarme. ¿Y me preguntan cuántos ángeles tiene Dios? En cada hermano está la respuesta, y esos son sólo los que puedes ver, a través de los cuales él actúa en la Tierra.

Mientras esperábamos para ser llamados, había un completo silencio en la sala, era demasiado temprano para consultas generales, así que reinaba un delicioso y casi místico silencio. Él se animó a hablar por un momento, y me dijo muy amable:

—Sabes, Tania, yo tuve una operación a corazón abierto hace unos meses, y encontré algo muy bueno que me ayudó para superar mi temor.

—¿Qué es? –le pregunté.

—Orar —me dijo. Orar con alguien, orar juntos.

Sentí una gran ternura en mi corazón y un regocijo en mi ser. No era raro para mi orar, pero agradecía su gesto y su acompañamiento. Le dije:"Nada me daría más gusto que orar contigo en este momento, Steve."

Me tomó de la mano y de todas las personas que podían haberme acompañado en este proceso, Dios mandaba a alguien, que tomaba mi mano y me recordaba no perder la fe. Justo lo que hubiera pedido... Al terminar la oración y ese momento mágico, llamaron mi nombre, él se despidió y le dije que tomaría un taxi saliendo. Se negó y me avisó que su esposa estaría por mí esperando en cuanto terminara el estudio. Y así fue: en cuanto acabé, ella estaba lista para llevarme a desayunar, ¡todos los *hotcakes* o *waffles* más ricos que yo quisiera! ¿Cómo negarse? (Ja, ja, ja). Al estar sentados en la mesa y comenzar el desayuno, le llamaron a su celular, necesitaban que regresara al hospital de inmediato.

Los estudios no estaban claros, sólo salía "un círculo blanco" en el centro de mi frente, digamos, pero para estar seguros de que eso era un tumor, tenían que inyectar ahora un líquido de contraste, así que tuve que regresar y entrar de nuevo a ese aparato... ¡no apto para claustrofóbicos!

Por fin, los resultados: "*mí no entender*", me informaron que era muy raro, porque "el círculo blanco" no se oscurecía con el líquido, por lo que no podía ser tejido o por lo tanto un tumor. Pero entonces ¿qué es? "No sabemos", me dijeron. Por lo pronto, la buena noticia es que no era un tumor. Me dijeron entonces: "ha de ser algo hormonal." Por lo que ese mismo día, estaba haciendo ahora trabajo de laboratorio de nuevo y me tomaban mues-

tras de sangre, otra vez nada concluyente. Me entregaron los resultados de los estudios y la doctora me pidió continuar con otro endocrinólogo en México, ya que el momento de tomar el avión de regreso había llegado. ¡Todo eso sucedió en tan sólo dos días!

Llegando a México, aunque no había nada concluyente, me medicaron con tratamiento para la tiroides, lo cual no hizo ningún cambio favorable en mí. Y para no hacer esta historia larga, así pasé los siguientes siete meses de mi vida, yendo de doctor en doctor, los cuales no encontraban la explicación para lo que ahora se mostraba intensificado, como "desmayos" aunque siempre estuve consciente.

El tema es que perdía toda la fuerza por completo, cuando uno de estos "episodios o desmayos" sucedía no podía caminar, comer, ni sostener mi cabeza siquiera, sino que mi vista, que antes era sólo nublada, ahora la perdía por completo durante unas horas. En varias ocasiones me tuve que quedar en el suelo tirada, sin poder moverme por faltarme la fuerza suficiente... o incluso llegué a chocar por lo que aparentemente fue un desmayo... sin que sufriera nada grave. No pasarás nada más de lo que necesites vivir, mas todo eran alarmas que parecían sonar.

Para esta etapa de mi vida, te estoy hablando que ya no podía ni ir a trabajar, no podía manejar... ni bucear, que había sido mi *hobby* apasionado. Todo estaba parado en mi vida. Todo se tuvo que interrumpir. En ese entonces no se veía nada claro, no comprendes a dónde te puede llevar todo eso que estás viviendo... y si muchas veces he oído a las personas a quienes les he dado terapia decir, "¡pero cómo puede ser esto parte de un plan amoroso!" Sí que lo es, a pesar de nuestras ideas, a pesar de lo que tú conoces hasta hoy como *amor*. No sabemos lo que es el verdadero amor, por eso tus más grandes pruebas te llevarán a rendirte al verdadero amor. Y no hablo religiosamente, la religión es una elección, pero el que te sientas UNO con el amor, no.

> La devoción se construye en el interior y se externa
> naturalmente con expresiones de amor.

Límites celestiales

En tu alma hay un anhelo por no sufrir más, un anhelo por que el amor te envuelva y un inminente deseo por despertar. A los 30 hay ciclos que se cierran, actividades, personas que salen, y nuevos personajes y nuevas actividades, trabajos que aparecerán. Para algunos, esas personas serán parejas que terminan y nuevas relaciones o nuevos trabajos que empiezan, para algunos otros esas llegadas nuevas serán de bebés, en esos casos es muy marcado esas personas como destinadas a mostrarte un camino al despertar espiritual, te harán trabajar para bien y traerán muchos aprendizajes.

Pero si no cuidas de ti, el "cielo" pondrá ese límite. Tenemos un plazo, en el que tu misión de vida no puede esperar más, la resistencia a tu misión y tus miedos no pueden ser más grandes que tus dones. Recuerda:

> Dios no te pone nunca en un lugar
> en el que vas a fracasar.

Mis límites celestiales, continuando con la historia, me llevaron a la total rendición, siete meses sin control total de mi vida. Se

lee fácil pero es mucho tiempo sin llevar orden en tu vida —y con personas preocupadas por ti a tu alrededor—, pero el Orden mayor y mis ángeles sabían que era perfecto para mi *transición*, como lo es siempre perfecto para tus transiciones. Me llevaría a dejar un trabajo en el que no debía permanecer más, además de empezar a dedicarme a dar terapias con ángeles.

En el siguiente capítulo te cuento cómo siguió el transcurso de la historia y cómo me llevó a tener experiencias más allá de lo que conocía que podía hacer. La vida siempre te va a sorprender, porque siempre te está dando opciones, oportunidades para que aceptes tu versión más lumínica.

Recopilando, pregúntate ¿qué estaba sucediendo a tus 28, 29 y qué pasó a tus 30 años? (Piensa que son fechas aproximadas, sobre todo si cumples al final o al comienzo del año podrás hacer algunos ajustes.) Pero te servirán para darte una idea más clara de tus años de *exploración*, de *transición*, de retos, de *crisis* y de grandes logros o *realización*.

Anota si:

- ¿Qué Transición (crisis, confusión importante) se dio a tus 28, 29?
- ¿Qué hechos contundentes sucedieron a tus 30?
- ¿Qué personas llegaron o se fueron en esta etapa?
- ¿Cómo te das cuenta de que tocaste misión de vida a tus 30?
- ¿Qué actividades, estudios o trabajos empezaste a hacer? Éstos revelan mucho de tu potencial y de tu camino.
- ¿Hubo matrimonios, nacimientos o nuevas importantes amistades? Esas personas, las elegiste como parte de tu camino para despertar espiritualmente.

- ¿Qué retos tuviste?
- ¿Te das cuenta de que requeriste de valor para empezar algo en esa etapa?

Al contestar estas preguntas das pasos claros para que entiendas los retos que vienes a sanar en la etapa del **despegar de tu misión de vida**, de cómo sales adelante en una época de "crisis", cómo reaccionas haciendo uso de tus fortalezas y la alegría de los nuevos comienzos que traerán. ¡Claro, todo esto de la mano de tus grandes "maestros" de vida que elegiste!, que, como vimos en el capítulo 2, ya sean maestros *amorosos*, *rasposos* o *tormentosos*, los pediste para perder el miedo, para crecer en amor y ahora, con más luz, empezar a brillar...

8. Tus arcángeles por misión de vida y la resistencia a tu misión

Tu confianza es lo que aún entrenas,
por eso aún te resistes,
dudas y temes ante un futuro que sólo tú,
lo llamarías incierto.
Respira... y permite que Dios
ocupe el lugar de tu debilidad.

Canalización de Jesús

Aunque en ocasiones dudes, aunque a veces todos podemos sentir que se nos va la fuerza o tal vez tu confianza flaquea, y todo puede parecer total confusión,...a veces la pérdida absoluta del control es también totalmente necesaria. Eso no significa que te estés alejando de la verdadera paz, significa que vas a buscar la paz por encima de todas las cosas. Tienes que querer la paz.

La paz mental es algo que se trabaja a diario y *diario* la querrás, más aún cuando te cansas de no tener las respuestas que te gustarían. Aprendes con el tiempo que tienes que aceptar el lugar donde estás parado en tu vida, bajar la resistencia y aceptar crecer nuevamente con lo que el plan te trae.

Como ya vimos en el capítulo 1, estás viviendo **tu misión de vida** desde que naciste, y tus más grandes retos los elegiste tú cuando te encontrabas en un estado de *claridad* o de *com-*

prensión total. Aprenderás a *confiar* a un nivel que hoy no conoces, ya que ésa será la piedra angular que te ayudará a pisar en cimientos sólidos y firmes, ya no sólo a *ratos*, sino de manera permanente para lograr más que una paz a corto plazo, la paz que te dará la verdadera *libertad*.

> Recuerda que la misma luz se ha encargado y se encarga de ti en este plan para que te sientas de nuevo en tu verdadero hogar. Hay cosas que pensarías que no elegirías vivir si te hubieran preguntado, pero cada singular experiencia que vives y cada persona con quien coincides, corresponde **perfectamente** con tu plan divino.

He entendido y he sentido a los ángeles acompañándome en los procesos más fuertes de mi vida, no sólo en los personales, sino presentes y amorosos también con las personas que veía una a una en terapia o en los cursos que imparto. Con esto descubría qué poco sabemos o recordamos de ese *Plan Divino*; me asombraba una y otra vez de cómo no comprendemos el propósito de nada de lo que nos pasa, sin embargo con el tiempo, aunque no se entienda, aprendes a observar y a leer entre líneas a la *fuerza del Amor*.

Notarás que algunos de tus *grandes temas* parecen **repetirse**, algunas lecciones o crisis parecen tener el mismo patrón, como si estuvieras platicando del mismo arquetipo de personas que atraes, de las mismas carencias, ausencias, de las mismas necesidades no cumplidas, de anhelos de vida o crisis. Tus **grandes retos** o "problemas" parecen regresar a ti, una y otra vez.

Revisa tus conversaciones cuando has estado preocupada o dolida por algo y observa cuál es el tema que más se repite. ¿El dolor por no encontrar una pareja? ¿La falta de estabilidad económica? ¿No encontrar personas que deseen comprometerse? ¿La necesidad de controlar? sólo que sigues hablando de eso años después. Todos estos son **efectos** distintos de la misma **causa**.

En efecto, tienen que ver con ciertos temas *muy particulares* que estás aprendiendo a ver desde otro punto de vista; pero aunque son los mismos grandes temas, no es lo mismo, tú has cambiado y tu nivel de culpa también. Tu nivel de conciencia crece, cambia, ya no eres el mismo que se enfrenta a esos temas, o a ese aprendizaje por primera vez, a esa lección terrible. Si te hubieran dicho por lo que ibas a pasar, tal vez hace diez, cinco o dos años, no hubieras creído que podrías superarlo, y claro que ni lo hubieras pedido, pero sobreviviste, y ahora es tiempo de continuar sanando.

Para que estés seguro de que has sanado y puedas ver cómo cada vez comprendes más un pedacito o *pedazotes* de tus temas centrales de vida, **van a repetirse las lecciones en distintas formas**, muchas veces ni las hilarás, ni te darás cuenta de que está conectado una cosa con otra, pero cada hilo, por delgado que parezca, forma parte del *gran telar*. Cada hilo, por insignificante que parezca, tiene detrás de su elaboración una *inteligencia* y *belleza* sublime en cada giro que da y que los enlaza. El gran tejido resultante será tu vida completa. Alcanzarás a ver lo que hoy no ves, y te darás cuenta de que el amor siempre te envolvió.

Por eso los ángeles no hablan gran cosa del futuro, no se trata de que sea una cuestión adivinatoria. Sí hay cosas muy concretas que te pueden decir de tu futuro, lo han hecho con muchas de las personas que he visto en los cursos y conmigo, sólo que *Ellos sí comprenden* que no puedes adelantarte ni ahorrarte nada que **necesites** vivir.

Tú pensarías, "¿por qué no me lo avisan si me aman?, ¿por qué no ahorrarme una experiencia dolorosa?" Pero es justamente al revés, *como te aman por encima de todas las cosas*, a pesar de que no los vayas a comprender, tus ángeles sí conocen lo que es mejor para ti y se apegan a ese amor, como un hermano mayor que logra ver lo que es mejor para su hermanito, o como un padre cuyo hijo no comprende por qué hay reglas. Sin embargo, espera que el tiempo le muestre cómo era siempre el objetivo que reinaran el cuidado, el amor y la protección para su hijo amado.

Tus ángeles sí recuerdan lo que tú has olvidado, el propósito, tu misión, los grandes aprendizajes que te ayudarán a soltar realmente, lo que hoy incluso estimas y le das valor. Ellos conocen tus miedos y tus juicios. Te han estado ayudando a que crezcas por encima de la pobre imagen que tienes de ti. Así que su papel no es evitar que vivas las experiencias que son necesarias para tu crecimiento personal espiritual, sino ayudarte a cruzar por ellas, de la manera más amorosa posible, recordándote que al final sólo podrás ver luz.

En los momentos más fuertes de tu vida, de más angustia o desesperación, tus ángeles han estado ahí a tu lado ayudando, consolándote o permitiendo que vivas de la manera más amorosa cualquier aprendizaje que hayas elegido. Parece fácil leerlo, lo sé; pero sabes que no es tan fácil cuando te recuerdas llorando o sufriendo por falta de dinero, por la muerte de un hijo, o por cualquier experiencia dolorosa que hayas sentido, por grande o pequeña que parezca. *Los peores días serán los mejores días sólo a la distancia*, cuando puedas ver al fin las bendiciones escondidas que traían.

En alguna ocasión, para esos momentos difíciles, mis ángeles me transmitieron este hermoso mensaje que te comparto:

"Libera, permítenos aliviar tu pesar...
Concéntrate en el amor que cuida de ti, que es en ti,
y en el amor que está
en todo lo que te rodea. Encarga tus decisiones a Él,
a ese amor infinito que te recuerda que todo pasa,
todo pasará y lo más pesado, dejará de pesar.
Los dolores más grandes pasan y sólo quedarán las
decisiones que hayas tomado en favor de la paz.
El amor está cuidando de ti.
Elige la paz."

Los ángeles y arcángeles que elegiste por misión de vida

En esos momentos dolorosos, maravillosos o vertiginosos y a lo largo de toda tu misión de vida, desde antes de nacer, elegiste

compañeros poderosos que te ayudarían en este viaje, no venimos sin ayuda. Ellos te han estado cuidando toda tu vida.

Lo que hemos olvidado es nuestro destino recordarlo.

Los ángeles, divinos mensajeros aliados con tu felicidad, te acompañan desde que naciste y hasta que elijas dejar este plano. **Tus ángeles de la guarda son asignados a ti para toda tu vida** y su función es ayudarte a pasar de una frecuencia de miedo a una frecuencia de amor. Te acompañarán para que cumplas tu **misión de vida** y están listos para ser de ayuda cada vez que tú se los pidas.

Aunque teológicamente se conoce como un ángel de la guarda, yo veo dos ángeles de la guarda con las personas. Puedes llamar a tus dos ángeles de la guarda, o bien a uno si te sientes más cómodo. La ayuda de cualquier manera nunca te faltará. Ambos son emanaciones puras del más puro amor, te sostienen en todos los momentos, de alegría o de pesar, y cada uno se dedica más a un papel:

El ángel de la guarda amoroso te ayudará a saber darte amor a ti mismo. Es una prodigación absoluta de amor hacia ti. Él también te recuerda tratarte bien a ti mismo y a descansar cada que se te olvida, te invita a descansar en Dios.

El ángel de la guarda consciente se encarga de, digamos, "jalar las riendas" de tu conciencia, para que te encamines diario a continuar con tu misión. Para que vayas a donde tengas que ir, para que hables con quien tienes que hablar y para tomar decisiones con mayor seguridad.

Ambos te acompañan todo el tiempo, los llames o no, crea la gente en ellos o no, no hay nadie que viva sin ángeles, porque *el amor no olvida a nadie*. Así los he conocido, susurrando esto en mis oídos, recordando cómo SIEMPRE estamos guiados y protegidos, invitándonos ambos a despertar al amor.

Tus arcángeles por misión de vida son los que elegiste desde antes de *encarnar*. Ellos te ayudarían a realizarte en tus **talentos, en tus dones.** Son los que te ayudan a trabajar tu lado sombra y tu lado luz. Como no conoces tus talentos, ellos son como el mentor que te ayuda a que los descubras, a que te la creas y que te realices haciendo algo que te haga feliz.

Estos arcángeles también conocen *lo que menos has sanado durante vidas*, tu lado *débil*, y tus más grandes heridas, así que tus arcángeles por **misión de vida** te ayudan a continuar con el plan de tu **sanación**, permanecen, entran y te ayudan con tus grandes temas que trabajarás como parte de tu *Plan de vida*. Estos arcángeles *se quedan contigo de manera permanente*; pero de acuerdo con lo que estés pasando en tu vida, también tienes la ayuda y la presencia de **otros arcángeles** que responden temporalmente a una petición específica, desean darte su guía extra también.

Son como los grandes amigos, hay algunos que su amistad es tan sólida que no importa si los dejas de ver por algún tiempo. El día que se sientan de nuevo a platicar es como si hubiera sido ayer. ¡Te conocen taaaan bien!, que es como si NO hubiera pasado el tiempo en su relación, ¡exactamente así es lo que sucede con estos **arcángeles por misión de vida**! Siempre están a tu lado aunque por etapas o momentos no los percibas.

Y llegan "nuevos amigos" en esas etapas, nuevos arcángeles que sus formas, sus tonos, su manera de guiarte son distintas, por eso te sirven en esos momentos en particular. Es como a

veces nos llama más la atención cuando personas que no estamos acostumbrados a su forma de hablar, de aconsejar les ponemos más atención a ellos que a los que nos resultan familiares. Tienen un efecto en ti nuevo y una distinta manera de hacerte ver...

Por ejemplo, veo personas que tienen al Arcángel Rafael como un *arcángel principal* en su misión de vida. Lleva toda la vida guiando a esos sanadores natos, pero no es hasta que aparece en escena Arcángel Miguel, ¡con su contundencia!, que "los empuja" a moverse y empiezan a cuestionarse más seriamente por qué no HACER lo que llevan tanto tiempo posponiendo, y les hacen ver que sus *hobbies* son grandes talentos de misión de vida.

Entonces empiezan a aceptar los maestros y las opciones que Arcángel Miguel y previamente Arcángel Rafael, les habían mostrado como tema de vocación, pero ahora deciden pedir ayuda, aceptar recursos económicos y de todo tipo, comenzar su camino como sanadores profesionales, impulsándolos a que tomen cursos. Así sucede con muchos de los estudiantes que recibo en mis diplomados, para formarse como terapeutas angelicales. Siempre es un agasajo trabajar con ellos y formarlos de acuerdo con la guía de sus ángeles.

Entonces, la energía en la que están en ese momento es más *Miguelezca* y que Él les transfiera ésta energía HACEDORA, de movimiento, es justo lo que necesitan para dar el siguiente paso en su misión como sanadores, aunque, de cabecera, siempre tendrán al Arcángel Rafael con ellos por su misión de vida como sanadores.

Te doy otro ejemplo, hay mujeres que vienen a trabajar el tema de la maternidad como tema de **misión de vida**. Personalmente les causa un gran dolor no quedar embarazadas. Sin embargo, dan luz y guía a otras personas. Son como la energía de una madre amorosa, para su pareja y amigos, pero tienen un tema que trabajar con la maternidad como un camino para realizarse interiormente. En esos casos, eligen al **Arcángel Gabriel** como **Arcángel de misión de vida**, que una de las cosas en las que ayuda considerablemente es con todos esos temas de maternidad y paternidad, y las ayudará tanto en su *misión personal*, como *colectiva*,* aceptando su primera y más importante tarea, esa mujer **necesita** ser *su propia madre amorosa primero*.

Tipos de aprendizajes de vida

Aprendizaje de vida temática

Además del **Arcángel principal** por misión de vida que elegiste, también es común haber elegido a dos o tres arcángeles principales. Depende de cada persona y del tipo de lecciones que elegiste en tu vida. Hay vidas aparentemente más *sencillas* que otras, a éstos le llamo que están en una *vida temática*, pues elijen practicar *un tema en particular de muchas maneras*, como si fuera su maestría de vida.

Un tema que ya han tratado de entenderlo tanto, le han batallado o cuestionado tanto, que realmente quieren entenderlo y dejar de sufrirlo esta vez, es su talón de Aquiles. Para algunos, puede ser el tema del dinero, o para algunos otros el tema pareja, o para otros será el tema del control, que **afecta**

---

* Las misiones personal y colectiva las expliqué ampliamente en los capítulos 3 y 4.

TODO en su vida, o el tema de la infidelidad, los efectos de su arrogancia, la flojera, la apatía, el miedo a comprometerse, el miedo a ser exitoso, etcétera.

No significa que estén ¡excelente! en todo lo demás, pero hay un gran dolor por un tema en particular. Por ejemplo, pueden no tener mucho dinero, pero el no tener pareja ese es su gran dolor y añoranza. Sus más profundas huellas se refieren a ese tema en específico. El punto es que se trata de UN tema determinado, marcado. Puede ser la pérdida de un hijo, y todo lo demás no les importa, su gran batalla gira alrededor de ese *unitema*, que les afecta en todo lo demás.

Para algunos su *unitema* será *la mentira*. Hay personas que simplemente no pueden parar de mentir, y gran parte o todos sus problemas girarán alrededor de las cosas que ocultan y es lo que impide que crezcan más. Habrá efectos de esto en su vida, a su alrededor y en otros por su falta de honestidad. Algunos verán cómo lastiman a otros por su infidelidad, con sus enredos, con su falta de coherencia y, al final, con su propio autoengaño. La verdad les enseñará amorosamente que la mentira no es el camino, pero necesitan quererlo ellos. *Toda sanación comienza con el deseo de querer ver.*

Aprendizaje de vida resumen

En cambio, hay algunos otros que elijen *varias lecciones a la vez*, es una *vida resumen* de cosas que ya han elegido vivir y aprender anteriormente. Han avanzado, por lo tanto, es como si su vida fuera el repaso de muchas cosas vistas en clase. Tienen reencuentros con muchas personas y parece una vida menos traumática, no porque no haya experiencias dolorosas, o retos, sino porque las han vivido y sanado parcialmente con anterioridad. Ahora es como **un repaso** para ver si ha dejado de afectar tanto algunas cosas, *TÚ* mismo quieres saber qué tan clara tienes la enseñanza, si lo aprendiste, qué tan dominado y comprendido está. Hay mucha práctica en cuanto *al desapego al resultado.*

Son personas que tal vez eligieron, por ejemplo, pasar por una experiencia de vida, donde el esposo entró a la cárcel, o elegir la experiencia de un aborto o varios, pero a diferencia de la *vida temática*, es que todo en su vida, durante años, ha girado en torno a "eso" (aunque generalmente no se dan cuenta). Aquí ya pueden aceptar de mejor manera esa *pérdida*, hay una decisión de no tirarse al dolor. Se nota más la **conciencia** que el dolor. Por lo tanto, aunque ya están trabajados varios temas, se pide más de uno para avanzar más, elijen entonces trabajar con varias cosas a la vez y *pulir* su entendimiento del tema.

Tal vez no sólo será el tema de pérdidas de abortos, sino que se le suma el tema dinero, pero además el tema pareja, dejar de buscar la aprobación de los demás, etcétera. Todo depende de **qué te dé más miedo vivir**, *entre mayor sea el miedo, menor es la comprensión del tema.* Por eso es lo que más pides trabajar cuando estás *del lado consciente*, estás despierto antes de *encarnar.* Donde se vea con claridad cómo superar ese gran miedo, será lo que más te ayudará a despertar.

Aprendizaje de vida de vidas

Hay *VIDA DE VIDAS*, no sólo será un GRAN repaso de temas, ¡vaya que eligieron repasar y recordar!, pero *en general* es una

vida "buena", feliz, con abundancia, no porque necesariamente lo tengan físicamente, sino porque han avanzado en su entendimiento de lo que es valioso. Hay un mayor desapego, se nota que es un *estado mental milagroso*.

Esta comprensión no los libra de que les sucedan *grandes encontronazos* o *muchas lecciones de perdón*. Tiene que ser así, **porque están practicando y repasando muchos temas** que ya han visto antes; es el repaso de *muchas vidas de aprendizaje-enseñanza*, con temas particulares. La gran característica es que se nota que *pueden avanzar, procesar más rápidamente* en su vida ante las aparentes pérdidas, y eligen ser *alumnos felices*. Algunos no podrían creer tantos procesos de introspección, la rapidez de la comprensión y capacidad de síntesis a la que llegan en periodos tan cortos. A pesar de la forma que la vida adopte, eligen *transformarla* a una vida feliz. En este tipo de vida se hace la **mayor práctica de desapego al resultado**.

A medida que avanzan, aunque estén viviendo en la práctica muchos, muchos temas a lo largo de su vida, pueden notar *la gran causa* de sus *pesares (y sus efectos)* una causa ancestral, la aparente separación de Dios. Eligen **grandes lecciones del verdadero perdón**, con la cual enseñan y aprenden en su propia vida. Lo que les ha costado trabajo en su camino espiritual será de sus más grandes legados de amor y de comprensión del verdadero perdón.

"Cuando cambie tu manera de percibir las situaciones,
te habrás liberado de lo que nunca fue un daño real."
Canalización de Jesús

Es decir, dentro de todos los grandes temas que repasan también **enseñarán** o darán ejemplo con su vida en un tema en particular. Eso es simplemente pedagógico, **sirven a un propósito educativo**, porque a ellos mismos los lleva a la verdadera libertad.

A pesar de eso, en general, viven más despreocupados, les interesa involucrarse en actividades donde pueden servir a otros en muy distintas áreas de trabajo, y es evidente que les interesan los temas espirituales en la práctica. *Despertar y servir son sus* más grandes *anhelos.*

A medida que entrenes tu mente y subas tu frecuencia vibratoria, el mundo sutil de los ángeles te parecerá más cercano; el amor parecerá lo normal para compartir y recibir; reconocerás cómo **la abundancia es tu estado natural de ser** y el vivir en paz, se vuelve una condición anhelada por encima de todo. Entrenar nuestras mentes requiere de una práctica espiritual DIARIA, ya que SIEMPRE estamos percibiendo lo que hay en nuestra mente.

Es decir... si tu mente está inundada de pensamientos amorosos y sanos, y percibe cada vez más de manera correcta, se llega a un verdadero **conocimiento**. Entonces, lo positivo, el amor, la salud y la presencia del amor te parecen cada vez más naturales en tu vida. El amor todo lo cobija.

Trabaja diario con un pensamiento. Haz que tu mente esté inundada de pensamientos amorosos para ti mismo y para los demás, así creerás en un mundo donde el amor es posible. Es por eso que necesitas amarte a ti mismo, sin arrogancia ni petulancia, pero tampoco haciéndote menos. Un líder no sirve si se hace menos.

Sólo sirves para un plan mayor, si crees
en tu poder de dar a otros.

Ya sea tu causa un movimiento ecologista, lograr reformas financieras para el país, hacer mejoras en tu casa, educar amorosamente a un hijo, hacer cambios constructivos para la empresa en que trabajas, superar una enfermedad terrible, o un movimiento espiritual para ayudar a crecer en conciencia..., para TODO se necesita que aceptes ser el líder en todas las áreas de tu vida, no sólo en algunas. Si sólo trabajas en un área donde te sientes seguro, la vida te dará oportunidades para que crezcas en donde adoleces.

> Un líder es un guía que se entrena y tú estás aprendiendo a seguir tu guía interior, a seguir la intuición que te susurra y que proviene desde la Única Voz. Hasta que por fin te veas a ti mismo en la luz, que la Luz emana y que ya es en ti. Vienes a ser libre de ti mismo, de las ideas equivocadas que has sostenido y abrigado, *el amor tiene el plan perfecto para ti*. Lo que tú has llamado **tu misión de vida**, el amor sabe que es tu camino de regreso a tu verdadero hogar.

El desarrollo de la confianza.
La confianza se entrena

En el capítulo anterior, te platiqué cómo a mis 29 años comenzaron estos "desmayos" que ningún doctor supo darme razón de por qué ocurrían. Antes de que sucedieran, yo ya pensaba que era necesario dejar mi puesto en la empresa familiar, pero la culpa era mayor, sentía que le fallaría a mi padre y pospuse esa decisión, mientras día tras día continuaba trabajando.

Llevaba ahora siete meses desde que comenzaron estos "desmayos" y, créeme, tus ángeles saben cuando un ciclo ya se ha agotado y cuando ya donde estás no es lo más sano para ti. La vida te pone en pausa, te desacelera o parece detenerse, ya que no puedes dejar de cumplir tu *misión colectiva*, que te llevará a realizarte también en tu *misión personal*. Cuando no aceptamos que un ciclo ya terminó, nos ayudan a *movernos* más allá de la culpa o de la indecisión, nos llevan a que cambiemos la forma; para que cambiemos nosotros, y eso hará que cambie todo a nuestro alrededor.

Para esos días, los desmayos ya me daban muy seguido, cada tercer día. Me daban un día, y me tardaba en recuperarme casi todo el día siguiente sólo para tener otro. La preocupación de mi padres, más que cualquier otra cosa, era por mi salud. Mi madre decía que sabía, al igual que yo, *que no estaba enferma*, pero tampoco comprendía por qué me pasaba *eso*.

Pero la vida se encarga de acomodarlo todo, en tiempo perfecto se te colocará donde te ayudes más a ti mismo y donde con tu presencia ayudes más a otros. Ya estaba cansada, ya había pasado por el proceso de ver a muchísimos doctores, de explicar y de cuestionar, pero la experiencia no era aún máxima. No había nada lógico en lo que sucedía y cada doctor que visitaba me decía que no sabía a qué se debía esta pérdida de fuerza (acompañada de gran lucidez).

Dentro de las cosas que tuve que hacer para encontrar repuestas, estuvo tomarme la presión y sacarme una gotita de sangre cada hora para checar mis niveles de glucosa. Me tuvieron con diversos medicamentos: para diabetes, hipoglucemia, hipotiroidismo, incluso tuve que traer un aparato para monitorear mi corazón las 24 horas... sin contar radiografías, análisis de laboratorios y visitas a varios oftalmólogos, endocrinólogos, cardiólogos, neurólogos, nutriólogos... y demás variedad de ilustres doctores que me medicaban basados en sus deducciones, pero nunca porque saliera algo mal en mis estudios. Simplemente no entendían qué me pasaba, así que experimentaban para ver si funcionaba.

Lleva tiempo y esfuerzo buscar respuestas... esto es sólo como algunas de las muchas cosas que me pidieron hacer para encontrar la causa. Todo lo intentaba hacer al pie de la letra pero nada funcionaba, todo resultaba bien en los estudios, sin embargo, extrañamente, los desmayos continuaban y todos los niveles variaban, como si fuera una brújula que había perdido el norte. ¿Pues qué era?

¿Alguna vez te has preguntado por qué en ocasiones no llegan las respuestas rápido, cuando no entiendes el porqué de lo que vives? Pues... todo toma el tiempo justo y necesario para que madures una idea equivocada de ti mismo, de una situación y logres ver todo tu poder, aunque las cosas no estén saliendo como quieres. Si salieran como quieres... **evadirías crecer**. Para los más grandes cambios en tu vida, habrá el tiempo de una gran preparación, y mi preparación requería *ajustes* en todos los niveles.

Toma tiempo que aceptes ser pulido por el amor, pasamos mucho tiempo entrenando la confianza en algo superior, ya que hemos olvidado qué grande es Su poder, nuestro poder, y alargamos los tiempos que parecen difíciles, cuestionando todo. Pero *cuando estés listo para rendirte... comprenderás.*

El llamado

En una ocasión donde me realizaron un procedimiento, sentí tanto estrés por desconocerlo, que mis nervios se fueron a tope; así que empecé a orar a mis ángeles y les pedía que hicieran algo para parar esa consulta, si es que algo que afectara a mi salud estaba por suceder.

No hubo ninguna señal que así lo indicara, ni se detuvo el procedimiento, así que entendí que era parte de mi crecimiento y que tenía que pasar por esta experiencia. Así que, acto seguido, antes de que pudiera pensar otra cosa, justo en ese momento cuando acepté su respuesta y decidí fluir con el plan, sentí ¡cómo me desprendí de mi cuerpo! Estaba totalmente fuera de él y me veía a mí misma "flotando" en la parte de arriba del cuarto. De esta manera tenía la forma de verme a mí misma recostada en la camilla, podía ver lo que me hacían, veía mi cuerpo tendido y yo separada de él. ¡Sí, es correcto, separada de él!

A partir de ese momento, mi asombro fue tal que todo lo demás dejó de tener importancia. Esto ya no estaba sucediendo como en mis viajes astrales en la adolescencia, ni en mis "sueños", donde por las noches naturalmente me separaba de mi cuerpo, ahora estaba **completamente despierta** y con personas a mi alrededor. Vi cada paso que se realizó en mí, hasta que se explicó que habían terminado. Regresé a mi cuerpo, ahora no

estaba más "desdoblada" ni en bilocación: ocupando "dos luga-res" al mismo tiempo.

Y a pesar de que muchos más eventos sucedieron en mi búsqueda por respuestas, y por tratar de comprenderme, sin duda, éste fue uno de los que me dejó más marcada. Amplia-ban mi mente a cada paso. Hoy me doy cuenta de que entrenaban mi mente para comprender mucha información y hechos que me sucederían en un futuro.

En realidad, no vivimos en el espacio-tiempo como lo entendemos, de manera lineal. Esta experiencia de desprendi-miento del cuerpo, esta experiencia espiritual, sería de gran importancia para mi aprendizaje, incluso para comprender las enseñanzas de Jesús en *Un curso de milagros*, por eso pasar por esta experiencia era en realidad tan importante y **necesaria en vez de sólo dolorosa.** Un hilo más para el telar.

Al regresar a mi cuerpo, no pronunciaba palabra alguna, hablar no parecía en lo más mínimo una apetencia ni una ne-cesidad. Estaba en completo estado de sorpresa y, al mismo tiempo, mi mente estaba en total serenidad, sentía mi mente *ampliada* debido a la experiencia de haber salido de mi cuerpo ¡se sentía tan bien estar fuera de él!, y al mismo tiempo era momento de empatar dos realidades que parecían antes exclu-yentes. Es decir, la gran pregunta, ¿cómo era eso posible?

La vida te traerá también las grandes preguntas que necesitas hacerte.

Sucedieron aún más cosas, que escribiré en otro libro. El punto es que estaba **lista para rendirme**, no era una racionalización, era toda yo completita exclamando con todo mi ser: *quiero respuestas y estoy lista para rendirme. Era tiempo de hablar con Dios...*

Lo que nos parece en la Tierra tan extraño es tan normal en otro plano... Imagínate, nos parece más normal creernos seres limitados al cuerpo, y pensar que cuando lo dejamos sufriremos, pero esto sucede por nuestro apego a él. No es hasta que estás fuera del cuerpo, que te das cuenta de lo bien que se siente, y cómo todo es una ilusión mental. Una ilusión que se siente muy real, ya que la refuerzas una y otra vez en tu mente.

Fue entonces cuando decidí sentarme a meditar hasta tener una respuesta de Dios; de cualquier manera, la vida me estaba dando la oportunidad del "no movimiento", todo lo que los desmayos habían provocado decía: *deja de moverte.* Hay veces en tu vida en que ganarás más si dejas de moverte de un lado a otro, pensando que con eso conseguirás llegar más lejos o más rápido; recuerda: no hay nada que puedas adelantar ni atrasar, y hay veces que sentándote a escuchar ganarás más, además de que te ahorrarás mucho tiempo y esfuerzo.

Simplemente me senté y empecé a meditar. No tenía ningún plan, sólo una intención muy clara. Cuando me senté le dije a Dios que le pedía que me contestara una pregunta:

¿Padre, adónde quieres que vaya?

Ya no sé a dónde ir, guíame Tú, ya no sé *qué quieres de mí. Me rindo completamente y te rindo mi vida a ti. No entiendo qué quieres de mí, sólo dime, ¿adónde quieres que vaya? He ido a todos los lugares que se suponía que debía de ir, pero ahora sólo quiero ir a donde tú me digas.*

Y me quedé en silencio, confiada en que nuestras oraciones son siempre escuchadas. Y pasó un día entero, dos... tres, por las noches me recostaba y continuaba al día siguiente. Los días no parecían largos ni cortos, más bien parecía que me había salido del tiempo, no lo medía, ni veía el reloj, no había prisa... No hubo ruido más cercano esos días que mi propia respiración, no salí a comprar comida ni utilicé ningún aparato electrónico, en ese entonces vivía sola, así que logré disfrutar del silencio que reconstruye. Y **en el silencio se encuentra a Dios**.

Había llegado el séptimo día y no parecía haber ninguna respuesta. Pero después de siete meses de desmayos y de siete días de meditación con mucha determinación, sonó el teléfono, algo me dijo "contesta"... Era mi madre querida. No había muchas personas que tuvieran ese número, así que era de imaginarse, y al contestar ella me pidió:

—¡No cuelgues, Tania!

—Estoy en silencio... –expliqué con calma.

—No, Tania, para. Estoy preocupada por ti, no sabemos si te llega a dar otro desmayo, ¿cómo podemos saber que estás bien, ahí tú sola? He respetado tu silencio, pero te pido que ya pares y me dejes verte. Ven a comer a la casa.

No lo demandaba, lo pedía como una madre preocupada... Y algo pasó que pareció **sentirse** bien, yo hubiera continuado determinada a meditar y a permanecer en silencio, pero le contesté que estaba bien, que iría por la tarde a visitarla para comer juntas, que no se preocupara más por mí. Sentí su descanso y me alegró.

Dios tiene sus formas de actuar, tus ángeles también tienen sus formas de entregarte el mensaje a través de otras personas aquí en la Tierra, así que jamás habrá una oración sin contestar. Llegué y con toda mi sorpresa, ¡mi madre no estaba! Por lo cual sólo me senté en su sala y decidí continuar meditando. Al microsegundo inmediato que había cerrado mis ojos, me dieron un nombre en mi mente: Doreen Virtue.

Dije: *what?* No sabía ni siquiera si *eso* era un nombre. Ante mi extrañeza, hubo una segunda respuesta, dijeron: ¡*Gugléalo*! Mmm... ¿en serio? Sí, tal cual, así con mi forma de lenguaje, así estaba oyendo esto, **tus ángeles utilizan el mismo lenguaje que tú utilizas para que los entiendas mejor**. Se me vino a la mente, ¡Dios Santo!, en mi departamento no tenía internet aún, así que ¡claro!, tenían que sacarme de ahí, después del silencio que tanto necesitaba.

Hice lo que me pidieron, aunque con cierta incertidumbre, me resultaba difícil conectarme a internet en ese entonces en casa de mi madre. Esta vez, claro, ¡entró de inmediato!, al *guglear* entró directo a su página, es más, ¡entró directo a una pantalla que ofrecía un curso de certificación para dar terapia con ángeles! ¡Apareció justo en esa información!

Al terminar de leer la descripción del curso, en ese momento llegó otro mensaje a mi mente, veía una frase escrita con letra cursiva, con la forma de mi propia letra y decía: *"Padre, dime a dónde quieres que vaya."*

Wooooowww, exclamé, ¿es ésta la contestación? ¡Wooow! Y claro, el ego siempre quiere meter su cuchara, por un momento me cuestioné y pensé ¡creo que todo esto me ha afectado seriamente!, ¿estaré volviéndome loca? De nuevo trajeron otro pensamiento a mi mente, ¿cómo es posible que entendieras ese nombre con total claridad, que existiera una página y estuviera relacionada con ángeles?

Ok, *right*, hice mis juicios a un lado. Y después de una hora de estar en estado de *shock* y descubrir de qué se trataba, me inscribí al curso, nada de hotel y esas cosas. Necesito tiempo para procesar esto, pensé, ya había dado el paso y la sorpresa que seguiría sería también **mayúscula**.

El momento de viajar se acercaba, así que estando de regreso en mi oficina, un buen día, decidí hacer la reservación para el hotel. SOR-PRE-SA, no había lugar. ¡Cómo! ¿Qué no se supone que tengo que estar ahí? Ante lo que parece complicarse, te lo digo por experiencia, no pierdas tu fe. Hice una oración de nuevo y le pedí a Dios que si era **importante** que fuera, que por favor lo resolviera de alguna manera para que supiera que ahí tenía realmente que estar.

Mandé un correo a los organizadores avisando que no había encontrado hotel y además, todos los hoteles en los que busqué alrededor eran sumamente elevados de precio para mí. Oré y cerré mi computadora. *Era tiempo de dejar todo en manos de Dios.*

Y cuando *realmente* dejas todo en manos de Dios, ¡te sorprenderás! Al mismísimo día siguiente, sin tener que esperar más, recibí un correo de una señorita llamada Betsy. Me informaba que una chica deseaba compartir un cuarto de hotel, que si estaba interesada en compartirlo me dejaba en el correo sus datos. ¡¡¡Wowwww!!!, exclamé de nuevo, ¿cuáles son las probabilidades?, ¿cómo es posible? ¡Qué grande es *Su* respuesta! Cuando pensaba escribirle a la chica, recibí en ese momento otro correo desconocido, ¡era precisamente ella! Empecé a leer ávida y llena de emoción. ¡Era una respuesta tras otra de Dios! Y ese correo contenía no sólo la solución al tema del hotel, sino un mensaje de mis ángeles *muy personal* que sólo yo entendería.

Ella me ofrecía compartir por la mitad los gastos de la habitación, ¡de esta manera, me salía más económico que haber adquirido la habitación inicialmente!, "qué amables" son mis ángeles pensaba, ella preguntaba además en su correo si yo estaría interesada en **nadar con delfines** en cautiverio, ¡ahhh, el mar!, "se le había ocurrido" esa idea y quería saber si contaba conmigo.

¡¡¡No pude más!!! Para ese momento las lágrimas escurrían por mis mejillas, con un gozo y una sensación de exaltación indescriptible. A lo largo de esos siete meses difíciles, donde entre otras cosas yo jamás pude ya regresar a bucear, un buen día yo les dije a mis ángeles que *sabía* que yo iba a estar "curada" el día que pudiera regresar al mar.

¡Y vaya si me contestaron! No sólo regresaría al mar por fin, sino acompañada de nuevos amigos y con los hermosos delfines, cuya energía y alegría **se vincula con las energía de los ángeles**. Son tan juguetones, tan avanzados, son un símbolo de una *vibración alta* como es la vibración de la alegría, a la que nos regresan los ángeles.

¿Qué otra señal necesitaba? ¿Qué respuesta más grande me podría dar Dios? Ahora mi pregunta había sido contestada contundentemente, todo había sido resuelto y cuando eso sucede, **es tiempo de responder al llamado**. Me puse de pie y uní mis manos, incliné mi cabeza en símbolo de respeto y de admiración a Dios.

En ese momento le dije que renunciaba energéticamente a ese trabajo, a esa oficina que había ocupado, a ese puesto, que entendía que mi tiempo ahí había acabado. No sentiría más culpa de ir a donde ya tenía claro que Él me había enviado. **Hoy renuncio y ofrezco completamente mi vida a Ti.**

Sólo te pido que tú traigas a mí, a las
personas que Tú sepas que yo puedo ayudar.

Era momento de aceptar el llamado y la forma sólo Dios sabría cómo... Abrí mis ojos, ya que sentía una energía y una luz inmensa al terminar mi oración... ¡que sopresa! *mi oficina estaba llena de ángeles*, sentía una alegría en mi pecho que no cabía de felicidad. ¡Lloraba y reía!, y sólo me dediqué a contemplar eso por un momento en silencio, otra vez me sentía como fuera del tiempo. Su amor me llenaba por completo...y al mismo tiempo no podía creer esa sensación tan indescriptiblemente hermosa.

Tomé el teléfono y marqué apresurada a la extensión de mi madre, ella estaba sólo un piso arriba, ¡le pedí que bajara de inmediato!, quería contarle lo que había sucedido. Ella al entrar inmediatamente lo sintió y me estrechó en un abrazo cuando le conté lo sucedido, las dos llorábamos y dimos gracias por la presencia que sentíamos de Dios y de sus ángeles, tomadas en un fuerte abrazo. Ese momento lo tendré marcado para **siempre** en mis recuerdos, y vibro aún al narrarlo...

Una vez que Dios te da una tarea,
una vez que recibes un llamado del mundo espiritual,
es porque estás capacitado para lo que Él te pide.

Así que ¡esa misma noche! recibí una invitación de último momento para asistir a una conferencia de temas de *física cuántica*, y al terminar la conferencia, me dirigía a la salida del World Trade Center, donde había tenido lugar la conferencia, y por alguna extraña razón *sentí miedo*. Eso para mí es muy raro, en general no soy una persona que se asuste fácilmente. Y ahí estaba un jueves a las 11:00 p.m. dirigiéndome a mi coche en la oscuridad. Al sentir miedo, invoqué al Arcángel Miguel y le pedí que llegara alguien que me acompañara a mi coche.

Acto seguido, un hombre se acercó a mí, para preguntarme si me llamaba Verónica, a lo cual evidentemente contesté que no. Seguí caminando y justo antes de salir del edificio, él se acercó y me insistió: "¿Segura que no te llamas Verónica?", a lo cual contesté: "Yo creo que me acordaría si así fuera."

Continué mi camino, cuando me percaté de que el hombre venía caminando detrás de mí, extrañada, lo cuestioné:

—¿Qué pasó? ¿Me estás siguiendo?

—¡Te juro que no, mi coche está hacia esa dirección!

Asentí, y en ese momento Arcángel Miguel me recordó mi propia petición hecha a Él, trajo a mi mente la frase: *"Ayúdame a que alguien me acompañe a mi coche."*

Me reí en silencio ante mi olvido y comprendí. Dejé que me alcanzara el paso, y empezamos a comentar sobre la conferencia. Al llegar a su coche, intenté despedirme, pero faltaban un par de cuadras para llegar al mío, así que no me permitió seguir sola, nuevamente el Arcángel Miguel cumplía con su protección *al pie de la letra*, aunque como nunca hay un peligro real, ese encuentro era una vez más una situación Ganar-Ganar.

Mentalmente le pregunté al Arcángel Miguel cuál era el regalo que yo podría darle a este hombre. En ese momento la conversación empezó a cambiar, en vez de sus comentarios sobre la conferencia, empezó a hablar totalmente de su vida privada... al llegar a mi coche, lo interrumpí y le advertí que le haría tres preguntas:

—Primera: ¿Por qué me cuentas todas estas cosas personales si no me conoces? (no era una molestia, era una sorpresa.)

—¡Ay, lo mismo pensaba yo!, me decía: "eres un idiota por
contar tus pesares a una niña *guapa* que acabas de conocer"...
pero es que... vas a pensar que estoy loco...

—...¡si supiera!- Pensé.

—Cuando salimos del área de los baños, accidentalmen-
te chocamos, yo soy ese hombre, y cuando choqué contigo,
yo escuché una voz que me dijo: "Habla con ella, ella te va a
ayudar."

—Ok –pensé–, vamos bien. Segunda pregunta: ¿Crees en
ángeles?

—Sí, es la razón por la que estoy aquí.

—¿Cómo?

—Le pedí a Dios que me trajera algo espiritual, un acercamiento a Él, pero esta conferencia fue lo único que llegó...

No sabía cómo hacer la tercera pregunta, ya que yo veía
a su madre fallecida junto a él, así que sólo me atreví a pregun-
tarle: —¿La sientes? —le pregunté finalmente, pues veía cómo
su madre fallecida, había elegido quedarse como un ángel con
él y quería decirle unas palabras.

Ella había tenido un infarto mientras él manejaba y murió mientras su hijo intentaba encontrar una ambulancia en la
zona; para cuando la encontró, el enfermero hizo el desatinado
comentario de que "por desgracia si hubiera llegado 10 minutos
antes su madre estaría aún viva." Él se mantuvo en gran depresión, enojo y culpa desde ese día, y ahora en el aniversario de
su partida había pedido ayuda a Dios para salir adelante, siendo
esa conferencia lo "único que había llegado."

Le transmití los mensajes que él necesitaba escuchar. Su madre le explicó por qué tenía que ser así, y lo liberó del peso de la culpa que sentía, a través de los mensajes y la información que ella me dio. Él claramente conmovido y con lágrimas en los ojos me preguntó: "¿Cómo puedes saber todo eso? Todo lo que me has dicho, no hay forma que dude de que es mi madre"... Antes, siempre evadía la pregunta, veía cómo escaparme de dar una respuesta, pero esta vez con gran paz contesté: *"Porque la veo, la escucho y porque me lo dicen tus ángeles."* Ellos no te han dejado solo ante tu petición.

¡¡Parecía que me estaba reconciliando con toda mi vida!! Esa misma noche sin pensarlo ni planearlo, había dado mi primera sesión de canalización con ángeles, ¡*había salido del clóset espiritual*! Las imágenes de toda mi vida pasaban frente a mis ojos, la pequeña niña que antes no podía entender, hoy aceptaba su papel y **su misión de vida**. Conmovidos los dos por la experiencia que estábamos ambos viviendo, nos dimos un abrazo, dejamos de ser dos extraños y por un momento sólo fuimos dos hermanos.

Me dijo que él quería tener otra vez esta experiencia, y me preguntó que CUÁNDO le podría dar otra *sesión*, (de ahí tomé el nombre), y le iba a contestar que yo no me dedicaba a dar sesiones con ángeles, cuando el Arcángel Miguel canalizó nuevamente a través de mí la respuesta: **"en siete días"**. "¿¡En serio eso salió de mi boca!?", pensé. "¡Ok!", contestó él, "hecho" Aún más grande fue mi sorpresa, cuando finalmente tomé nota de sus datos, y su nombre era... Jesús.

Así que después de siete meses de desmayos, siete días de meditación, a los siguientes siete días comencé en la sala de

mi departamento, en un séptimo piso, a dar mi primera sesión formal de canalización de ángeles. A partir de ahí, mi celular empezó a sonar, sin que yo hubiera dado mi número a ninguna de esas personas y ¡ya no paró!, cada día empecé a dar varias sesiones, canalizando los mensajes de sus ángeles a quien Dios trajera a mí, y cabe destacar que desde ese momento **nunca** más me volvió a dar un desmayo, desde el día en que "salí del clóset", pues ahora *ya no me estaba fallando a mí misma*.

Al mes de dar las sesiones ya tenía una lista de espera de tres meses, a los seis meses tenía una lista de espera de un año, y al año mi lista se fue a un año y medio de espera. La siguiente misión estaba lista, dijeron mis ángeles, era tiempo de comenzar con los cursos. Mis ángeles me decían que tenía que llegar a más personas, y por más tímida que fuera, ¡de persona en persona jamás iba a acabar! Era tiempo nuevamente de un cambio, ya no era posible tener una lista de espera tan larga. ¡Y vaya que si estoy convencida de que ellos conocen los tiempos perfectos... los tiempos de Dios!

Así que, recuerda, Dios te responde a pesar de todos tus miedos, a pesar de tu resistencia al amor y a la resistencia a tu misión, todos los plazos han de cumplirse. No puedes copiar la misión de vida de nadie, porque la tuya es grandiosa, vas a ser mucho más feliz si haces caso a tu llamado.

Así que ahora puedes sentarte y preguntar con toda humildad y amor a Dios:

¿A dónde quieres que vaya?

¿Padre, qué se requiere de mí en este momento?

¿Cómo te sirvo más?

Dios te contestará todos y cada uno de tus días. Tus ángeles entregarán ese mensaje de la mejor manera para ti. Serás llamado y lo harán mil veces hasta que decidas aceptar el amor que cuida de ti, hasta que aceptes que tu vida y tus talentos son valiosos... Él los conoce mejor que tú.

9. El encuentro con tu vocación de vida

El maestro de Dios necesita este periodo de respiro.
Todavía no ha llegado tan lejos como cree.
Mas cuando esté listo para seguir adelante,
marcharán a su lado compañeros poderosos.

Manual del maestro. *Un curso de milagros*

No tienes que poner el peso sobre tus hombros, todo fluye mejor cuando pides ayuda a tus compañeros poderosos y cuando recuerdas **quién te puso ahí.** Todo el mundo espiritual te sostiene y tus arcángeles por misión de vida y tus ángeles de la guarda te ayudan a que te realices en el plan que Dios, el infinito amor, ya trazó para ti. Siempre estamos teniendo toda la ayuda que necesitamos.

En ti ya está lo que necesitas para ser feliz

¡Y el plazo llegó! Llevaba varios meses dando terapia con ángeles, sin embargo, había llegado el momento de ir a la certificación a Estados Unidos (lo que te compartí en el capítulo anterior). Una vez que *recibes una señal* o un llamado y haces caso, tus ángeles estarán listos para darte **todas las confirmaciones que necesites para continuar reafirmando y entregando su guía.**

Como ayudantes que guían a un *invidente*, no importa cuántos escalones o indicaciones hayas seguido correctamente, ellos seguirán ahí paso a paso, toda la vida, todo el camino.

Era tiempo de viajar y ver qué tenían para mí, ¿qué era tan importante? Fui sin expectativas, de cualquier manera, ellos siempre me sorprenden... aún hasta estos días, como si fuera una niña pequeña.

Los Ángeles, California. Estaba sentada frente a mí una señora de edad media, delgada, que debía mencionarme el nombre de una persona y decir la relación que ésta tenía con ella. Esto era para saber qué me decían los ángeles de esta persona en relación con ella que pudiera ser de servicio **para los dos**. No sabía qué esperar de esta prueba... El nombre que me dio fue el de su hijo.

La primera palabra que me mencionaron sus ángeles al escuchar el nombre de su hijo fue **alcoholismo**, claro y directo. Me hacían saber que ésa era la razón por la cual ella me preguntaba por él. Me decían que estaba muy angustiada por su hijo y por su futuro. Así que le hice saber a ella lo que me decían sus ángeles. Su primera impresión fue de sorpresa pero se mantuvo en silencio, no quería dar ninguna información extra que pudiera ayudarme, así que continué canalizando.

Ahora, le dije, me enseñan a un hombre, que entiendo es el padre de tu hijo. Me decían sus ángeles, me hacían ver escenas de él tomado, y caminando balanceándose, perdiendo el equilibrio, chocando contra las paredes de la casa. Le dije contundentemente: *"El origen del miedo a que tu hijo caiga en el alcoholismo, me explican que se debe a que tu expareja es alcohólico."*

Ella se quedó realmente sorprendida ante esta afirmación. Por lo cual decidió hablar; ya que todas las afirmaciones eran ciertas, sus ángeles estaban siendo muy claros, y ella, aunque un tanto escéptica antes de comenzar, supo que sí estaba canalizando a sus ángeles.

De entrada le dieron tres señales que, por un lado, le explicaban que:

1. Conocían su temor por el posible alcoholismo de su hijo.

2. Explicaron que el padre de su hijo era alcohólico y que de ahí se derivaba el miedo, ahí estaba la causa.

3. Dejaron ver que ella ya no estaba más con este hombre, al decir que era su expareja.

La razón por la cual ellos se habían divorciado se debía principalmente a los problemas derivados del alcoholismo, los cuales habían afectado fuertemente su relación. Dejaron un corazón roto en ella y un gran miedo por el futuro de su hijo. Sus ángeles dieron el siguiente paso. Le mencioné que ellos me mostraban imágenes del cuarto de su hijo. Le narré que veía todo tirado alrededor y que me mostraban que él tenía puestos unos audífonos, escuchaba música a niveles muy fuertes.

Sus ángeles me decían que la razón por la cual ella sentía miedo de que él cayera en el alcohol, se había intensificado por su conducta rebelde ahora que era adolescente. Ella temía que heredara el alcoholismo de su padre. Realmente me mostraban que detrás de ese rostro que fingía seriedad había una mujer **nerviosa y preocupada**.

¡Ella no pudo más al ver **qué tan bien la conocían sus ángeles** y que *efectivamente* estaba recibiendo un mensaje tras otro!

Mensajes canalizados de sus ángeles, ellos estaban hablando de su vida como si yo fuera una gran amiga que conociera sus peores miedos. Yo no la conocía, pero **nuestros ángeles sí conocen TODO lo que nos puede preocupar o alterar,** incluso cada pensamiento temeroso, ya que permanentemente están con nosotros.

Ella rompió en llanto. Me decía que no podía creer qué bien conocían su vida. Me pidió que la ayudaran a saber qué podía hacer para ayudar a que su hijo no cayera en esta enfermedad. (¡Te lo cuento para que veas qué importante es que te abras a pedir su ayuda!)

Los ángeles contestaron de inmediato, le hicieron ver que con su miedo ella sólo estaba logrando tener una peor relación con su hijo. Al ver su cuarto desordenado, lo tomaba como una señal de alerta, que le hacía creer que su hijo estaba acercándose a eso que ella con todas sus fuerzas quería evitar. En realidad se ponía a sí misma *entre la espada y la pared*, ya que cada vez que su hijo le pedía permiso para ir a una fiesta, este miedo se disparaba y le negaba permisos; mientras su hijo no comprendía por qué y más bien lo interpretaba como excusas tontas de su mamá, alejándose más de ella.

Al hacer que se distanciara de ella, esto sólo generaba más tensión en su relación y hacía que el miedo creciera más y más en ella, creando un círculo vicioso entre ellos. En realidad ese era el único vicio que se necesitaba observar y dejar a un lado, me dijeron.

Le hicieron ver que esos hechos que ella tomaba como alarmantes no tenían nada que ver con el alcohol. Ella necesitaba aprender a ser amiga de su hijo en ese momento, o él sólo desearía pasar cada vez más tiempo con su padre, el cual ya había dejado el alcohol y vivía en otra casa.

Ella lo comprendió y descansó. Me dijo: "Comprendo perfecto por qué utilizan esa frase de estar 'entre la espada y la pared', ya que así es como me siento, una parte mía quiere dejarlo ir y que se divierta, pero, por otro lado, mi miedo me hace pensar que debo protegerlo."

> Sus ángeles le dijeron que *la mejor protección para toda la vida sería ser amiga de su hijo y no su carcelera, ya que eso no traería paz a ninguno de los dos.*

Comprendían amorosamente su preocupación, pero le hicieron ver que no había ningún peligro real. Su hijo no caería en el alcohol y su relación familiar mejoraría, incluso con su exmarido, ya que inconscientemente lo estaba haciendo culpable de algo que todavía ni siquiera había sucedido. Ahora también lo podía liberar y regresar todos a la paz.

Fue un momento de gran claridad. Pude sentir cómo se quitó la opresión de su pecho, e incluso sus hombros cambiaron de postura enderezándose. Se sentía liberada y no podía parar de llorar, era una madre que había recibido respuesta a sus oraciones. El tiempo había terminado ya, aunque continué hablando con ella en voz baja para concluir. Nos estrechamos la mano tratando de regresar la atención a la clase.

Sin embargo, en un arranque tomó nuevamente mi mano, con lágrimas en los ojos y la mirada penetrante de una madre conmovida, me dijo: "Tania, hemos pasado por todas las canalizaciones ya, y nadie me canalizó como tú, por favor, prométeme, ¡prométeme que te vas a dedicar a esto!, porque puedes

ayudar a otras madres como hoy me ayudaste a mí, por favor, no lo dejes de hacer. ¡En nombre de todas las personas que puedes ayudar te lo pido!"

Yo estaba sorprendida. Para ese momento ya estaba igual de conmovida con su repentina petición, con sus palabras... y, claro, llorando con ella. La razón por la cual había ido a esa certificación no había sido pensando en dedicarme a dar terapia con ángeles, y menos aún a dar cursos. Todavía no conocía lo que estaba por venir, no había hecho un plan, no sabía si las terapias iban a ser algo que continuaría en ese entonces. Tal vez era algo que había sucedido sin estar segura de qué dirección tomaría mi vida... por los mismos siete meses inciertos de "enfermedad" de los que venía... Este curso me había ayudado a confirmar ¡que no estaba loca!, pero Dios sabía que tenía un plan más grande para mí, algo que parecía tan natural en mí, me revelaba cómo le podía cambiar la vida a las personas y eso me alegraba el alma entera. A través de esa hermosa señora, **los ángeles deseaban afirmarme, guiarme,** continuar dándome esa *dirección* que había pedido para mi vida, así me confirmaban lo que se requería de mí.

Abracé a esta madre en llanto y sin que me pudiera escapar de darle un respuesta, ella me regresó al momento jalando mis manos y me repitió: "¡¿Me lo prometes?!"

Sentí mucha dicha en mi interior, estaba tan conmovida por la forma tan amorosa que me guiaban a dar este paso, ayudándome a conectar con mi misión de vida colectiva y personal... Fue entonces cuando sentí como si **toda una certeza absoluta** me hubiera inundado en ese momento, la tomé fuerte de las manos y, mirándola directa y fijamente a los ojos, le contesté: "Sí, voy a dedicar mi vida a ayudar a los demás."

Segunda parte

Manos a la obra con la ayuda de los ángeles

Sorpréndete con tu plan de vida espiritual

Entiendes tu misión,
cuando te detienes a observar tu vida.
Si nunca te detienes a observarte,
se te pasará la oportunidad de tu vida.

Tania Karam

¡Es momento de observar tu vida! Pide ayuda a tus ángeles de la guarda antes de empezar a contestar la tabla de tu plan de vida espiritual. Para comprender y admirar tu vida, tienes que regresarte a observarla. Entre más minuciosa sea tu observación y tu revisión, te darás cuenta de que a lo largo de los años se ve el gran plan espiritual para tu misión de vida. Cada día contiene las posibilidades amorosas que te ayudan a crecer, a madurar, a despertar.

Cada acto que ha ocurrido en tu vida tiene un propósito sublime en el plan. El significado, sin embargo, se lo diste tú. Hoy puedes observar tu vida y otorgarle un significado distinto, entender el *para qu*é ocurrió así. Puedes sorprenderte de lo mucho que has recorrido; recordar y agradecer a todas las personas con las que hiciste contratos del alma tan importantes para acompañarte en este andar y admirar nada más y nada menos que... *tu vida.*

¿Cuántas veces te has detenido de forma minuciosa a admirar tu propia vida? Todo lo que has avanzado, todo lo que has aprendido, has seguido caminando a pesar de tus heridas, lecciones y tropiezos, convirtiéndote en una mejor versión de ti. Date una palmada a ti mismo, lo has hecho lo mejor que has podido. Tu vida será tu mejor testimonio, tu vida es lo que mejor muestra tu misión.

Llenar esta tabla te ayudará a ver el bosque más que el árbol. Te ayudará a ver la historia de tus talentos, de tus momentos más importantes y de personas que llegaron en tus **años claves de despertar espiritual** —un hijo, una pareja—; esas personas están destinadas a darte amor en tu camino, su relación está hecha para nutrirte. Te ayudará a ver qué personas llegaron en años conocidos como de *transición–crisis* y estas personas, sin duda, las quieres, sin embargo, tienen su forma muy particular y necesaria de hacerte crecer. Observarás qué personas te acompañaron en tus **etapas de exploración** o de **realización**, convirtiéndose en grandes amigos. Las personas que llegaron en tus etapas de **transición**, anunciando que vienen a ayudarte a crecer, te permiten (transicionar) evolucionar a partir de su llegada grandemente.

Los números en tu plan de vida

En mi experiencia dando terapias, he observado, documentado y constantemente analizado lo que canalicé. Como un *modelo* te hago esta propuesta para que observes tu vida y descifres así, más fácil, el camino espiritual que elegiste, puedes notar en este *modelo* cómo se repiten cuatro etapas en tu vida, y el poder de cada año en tu recorrido espiritual. Los números también te darán pistas y grandes señales; como diría Pitágoras: "El universo descansa sobre los números. Vimos que hay cuatro etapas que se repiten en tu vida. Etapa de **exploración**, de **transición**... para algunos, esa transición se convierte en una **transición con crisis**, seguido por una etapa en la que **tocas misión de vida** y, la cuarta etapa de **realización**. Y luego comenzamos un nuevo ciclo, uno tras otro en la espiral de conciencia.

Los años 0. Son años donde **tocas misión de vida**, y cada década en adelante. Lo son los años 0, 10, 20, 30, 40, 50, 60... De cualquier manera, a los 30 años es cuando se da el gran despegar de tu *misión de profesión* formal. Tiene que ver más con el *qué harás con tus talentos*. Pon atención porque lo que haya sucedido entonces tiene que ver mucho con tus dones o habilidades naturales por desarrollar y aceptar que siempre que los uses, te traerán abundancia. Las personas que hayan estado contigo o hayas conocido en esos años son tremendamente importantes en tu despertar espiritual. Cuando te preguntes "¿qué he venido a hacer?", voltea a ver lo que pasó en tus décadas, momentos donde ves con claridad tus talentos y dónde década tras década te mostrarán los caminos a seguir.

Los años uno o terminación uno. Son años de **realización** 1, 11, 21, 31, 41, 51, 61, 71, 81, 91. Aunque existan retos en ellos, tú ya has comprendido lecciones que hoy te hacen ver las cosas de distinta manera y reaccionar menos. Cada vez que aplicas esa forma de ver las situaciones encuentras realización. ¿Qué te ayuda a realizarte y a sanarte en esta vida? Voltea a ver lo que estaba sucediendo en esos años. Te muestran *acciones* que

emprendiste y que están destinadas a traerte beneficios en tu misión; obsérvalas, entre más se repitan en cada año uno, te muestran un tema de misión de vida que te traerá realización. Son años que señalan también lecciones aprendidas.

Los años dos o terminación dos. Son años de **exploración**. A los dos años sucede nuestra primera *adolescencia espiritual*. Físicamente, están sucediendo muchos cambios (en los bebés, lo notas a los dos meses, puede parecer una etapa de muchos berrinches o llanto sin aparente razón), y en donde estás terminando de aceptar *estar* (ya no más en el vientre de tu madre). En los años 2, 12, 22, 32, 42, 52, 62, 72... puedes ver suceder también *microcrisis* necesarias para explorar nuevas opciones en nuestra mente. Son años donde reafirmas tus valores y lo que deseas, te llevan a seguir observando, comprendiendo y, por lo tanto, creciendo. ¿Qué tengo que recordar en esta etapa? Que es un año donde está bien que te permitas explorar opciones.

Los años tres. ¡Siempre digo que los ángeles hablan en tres! Son años de exploración, destinados a traerte *crecimiento espiritual*. Momentos de acercamiento a la comprensión, la compasión, al amor, a algo *superior*, a Dios. Son años que tienen que ver con trascender más allá de la realidad que ves. A la edad de tres años cerramos el primer ciclo de la espiral de conciencia. Has aceptado estar. *Son años destinados a traerte claridad y a reafirmarte en tu misión de vida.* Siempre que dudes, regresa a observar qué estabas pasando o qué estabas haciendo. Esos años te hablan de vocación en tu misión de vida.

Los años cuatro. Seguimos en la etapa de exploración, sólo que cada vez tienes más herramientas para decidir, para atreverte, producto de lo que ya has aprendido, crecido y explorado. Son los años 4, 14, 24, 34, 44, 54, 64, 74... Para el ciclo de los años cuatro, ya pasaste por la microcrisis de decisiones de los dos, ya tuviste los espirituales tres y eso te lleva a un año de mayor búsqueda. Es importante que le des *rienda suelta* a la exploración, te traerán cambios provechosos ¡ya muy pronto! Puedes notar que en algunos casos cerrarás ciclos necesarios y comenzarás nuevas opciones de exploración, para el brinco que damos en los años cinco. Son años de búsqueda, de cuestionamiento y ¡está bien!, las respuestas no llegan si no te haces las preguntas.

Los años cinco. Pasamos ahora a la etapa de **transición**. Aquí se dan los años **trampolín**, que son años de *cambios favorables.* Puede parecer que vas hacia "abajo" en un inicio, cuesta trabajo hacer algunos cambios, ocupa tiempo, pero piensa que es como cuando te subes a un trampolín, sólo es por el esfuerzo que haces antes de dar un brinco, ¡sólo estás tomando impulso! Estás por dar un gran salto y aquí encuentras nuevos trabajos, proyectos, empleo, oportunidades. Se dan grandes brincos en estos años: a los 5, 15, 25, 35, 45, 55, 65... Se da una transición clara y favorable. ¡Es un brinco en tu vida!

Precaución: puedes emocionarte por esta transición y por las buenas nuevas, ascensos, promociones, nuevos proyectos, etcétera. Recuerda, todo son ciclos, cierra bien el ciclo anterior y sé agradecido con quien hoy te ha ayudado a crecer. Los años cinco particularmente son tiempo de dar reconocimiento a jefes,

maestros, colegas, amigos y aceptar crecer. Tu crecimiento será sostenido y lleno de bendiciones.

Los años seis. Etapa de transición. Aquí ya diste el brinco de los *años trampolín* y empiezas a vivir esas nuevas opciones. Sin embargo, en estos años puedes encontrar momentos de *confrontación*. Años de transición en tu vida: 6, 16, 26, 36, 46, 56, 66, 76... Son años que tomas decisiones importantes para seguir creciendo. Cerrarás algunos ciclos, dejarás algunas actividades, para aceptar de lleno otras con más cabeza, conciencia o desde el corazón. Déjate guiar por tu intuición. Años importantes de desapego a los resultados, de confiar sin red de seguridad, ya sé que ya lo dije pero... escucha, ¡haz caso a tu intuición! Todo es aprendizaje necesario.

Los años siete. Los maravillosos años siete cumplen una función muy importante como un camino para ayudarte espiritualmente a ver más allá. Ya has estado en una exploración, diste un brinco en los años cinco y continúas en camino a una transición mayor. Para eso necesitas más *momentos espirituales*. Cuando llenes tu tabla intenta recordar esos momentos que pueden parecer muy sencillos, pero altamente espirituales, pues tocas un momento de revelación o acercamiento con el Amor, Dios o como tú lo llames, para que te des una idea de cómo sí has tenido estos momentos, aunque no los hayas planeado o puesto mucha atención. El siete es un número guiado por el maestro Jesús. También tocas, aunque no sea una década, tu misión de vida a los mágicos siete y, particularmente, recibes ayuda del mundo espiritual para que te voltees a ver, aceptes tus dones y las áreas donde necesitas sanar más. Recuerda una **transición** es un puente que está destinado a ayudarte a cruzar, a llegar más allá de lo que alcanzas a ver desde el lugar que estás hoy. El 77 es un doblete de esta ayuda, es un encuentro guiado por Jesús en tu mayor beneficio.

Los años ocho. Años de transición, los años ocho son de abundancia. Abundancia financiera, abundancia para ayudar a otros, pero sobre todo de abundancia de **opciones**. ¡En los años ocho te recuerdan que tienes opciones! No te puedes quedar estancado. Si no estás viviendo tu versión más iluminada, empezarás a notar que algunas opciones no te funcionan, algunas amistades o relaciones son *renovadas*.

Revisa tus años ocho, el mundo espiritual te estaba diciendo: "Es momento de observar nuevamente las opciones que has tomado, lo que no te hace feliz, es momento de que consideres vivir en un mayor orden, amor y aceptes la abundancia." Recuerda: *La abundancia es tu estado natural de ser.*

Los años nueve, años de transición–crisis. Tienes mucha ayuda del mundo espiritual en estos años, ya que tu transición esta a punto de llevarte a una nueva década, donde de nuevo tocas misión de vida, donde se destacan tus dones y talentos a lo grande. Que no te asuste la palabra crisis; toda crisis no es más que el paso necesario para tu evolución. Es una transmutación necesaria, cambias de una realidad inestable a un orden mayor.

Te puede parecer ya una realidad *organizada*, pero no es tu mejor versión aún y por eso es parte necesaria de tu evolución. Te es mostrado lo que necesitas ver, ES NECESARIO que te voltees a ver, y aceptes un plan mayor. Nos dan este "plazo celestial" para que, a pesar de tus opciones, te lleve a una mayor

comprensión. Si crees que tu tormenta es muy grande, ¡imagínate el tamaño de la bendición!

9→0 Regresas a un año cero, estás listo para dar un salto nuevamente, listo para cursar un nuevo ciclo, donde ya no empiezas de la nada, has subido un escalón en conciencia valiosísimo. Todo ciclo completo te acerca cada día más a recordarte como el bendito hijo que eres. Comienzas un nuevo ciclo lleno de aprendizajes, de opciones y de la mano de Dios.

¡A llenar tu tabla!

Dedícate a llenar tu **Plan de vida espiritual**, conecta los puntos, observa cada año de acuerdo con las **etapas espirituales**. Te podrás dar cuenta de las lecciones, los brincos, las crisis que te trajeron el mayor beneficio. Los roles tan importantes que tuvieron muchas personas en tu vida, y el reconocimiento que les debemos. Mutuamente se eligieron como *personas clave* para su despertar, para llenarte de amor y de conciencia. Sin duda, los grandes aprendizajes y los grandes maestros que elegiste los encontrarás aquí. No sé tú, pero a mí me maravilla ver la mano de Dios en acción. Puedes ver cómo Él siempre intercedió en tu vida… observa tus más grandes aprendizajes y momentos de luz, estarás viendo trabajar el telar de Dios.

Anota en los recuadros tu año de nacimiento hasta el año actual. Llena lo que estabas viviendo en cada fecha. Haz memoria de acuerdo con la etapa que corresponde a cada año. Puedes llegar a tu año trece, por ejemplo, que es un año espiritual, y darte cuenta de *qué partes fueron más significativas* para ti en esa edad, eso te dará la información que revele partes de tu misión de vida. Recuerda para esas vivencias *dolorosas*:

Entre mayor sea la intensidad de la experiencia, mayor es tu miedo a vencer. Mayor será entonces tu sanación, tu misión y tu aprendizaje. Eso es lo más importante en tu misión. Lo que te ayuda a crecer y a sanar, con esa sanación podrás ayudar a otros.

Esos trece años pudieran ser algo como ayudar en un viaje de *misiones* a la sierra con los indígenas como parte de una labor social. Eso revelaría que esa persona que ayuda a otros con sus talentos sí tiene un camino de servicio, siempre le será de felicidad: el ayudar a otros como parte de su *misión*. Cuando revise sus 30 o 40 años, donde toca su misión de vida, se dará cuenta por qué llegó a un cargo en un banco, por ejemplo, que tenía que ver con educación financiera o labor social: para que continúe su camino de ayudar a otros de esa manera.

Todo depende qué tanto se repitan ciertas experiencias y la intensidad de éstas. Entre más repetitivo el tema y mayor la carga que tenga, te mostrará claramente año tras año tu misión, lo que sanarás y lo que vienes a dar. Hazlo así con cada año, cada uno te revelará partes de tu misión de vida **personal** y **colectiva**, así como los grandes temas que vienes a sanar. Después, puedes hacerlo con los datos de tus papás, con una pareja, con un hijo, hija, amigos cercanos o prospectos de galán, y verán los grandes temas que eligieron vivir juntos, cuando son sus momentos de crisis y de plenitud. ¡Es bueno saberlo! Qué tan *sincronizados* están, o qué tanto se eligieron para *complementarse*, para ayudarse el uno al otro.

Regresa a tu plan tan constantemente como lo necesites, se vuelve una herramienta súper personal. Y ahora ¡¡emociónate con tu misión de vida!!

EJEMPLO DE TABLA DE PLAN DE VIDA ESPIRITUAL INDIVIDUAL

Aquí te muestro la manera de llenar tu **Plan de vida espiritual**. Sigue este ejemplo para llenar las tablas que comparto contigo a partir de la página 222.

MI CAMINO ESPIRITUAL	
	ETAPA EXPLORACIÓN
	ETAPA TRANSICIÓN / CRISIS
	ETAPA TOCAS MISIÓN DE VIDA
	ETAPA REALIZACIÓN

AÑO	EDAD	ETAPA ESPIRITUAL
	Embarazo	Etapa de Exploración
	Hora de Nacimiento	Etapa de Transición / Transición-Crisis
1975	Tu forma de nacer	Tocas Misión de Vida
1976	0-1	Realización
1977	2	Exploración / Micro Crisis / Micro adolescencia
1978	3	Exploración/ Cierre de Primer Ciclo/Crecimiento Espiritual
1979	4	Exploración
1980	5	Transición / Trampolín: Cambios

Estás conociendo, explorando, buscas opciones, respuestas, ¿quién soy? ¿Qué me gusta?

Se intensifica la búsqueda y la necesidad de tomar decisiones. Cambios de fondo y forma.

Despegas con tus talentos. Tocas temas de vida por sanar. Vences miedos. ¡Nuevos comienzos beneficiosos! Usando esos talentos te va a ir bien.

Lo que estés haciendo ahí como profesión, tiene que ver con tu misión

Momentos en los que comprendes lecciones. Has aprendido una nueva forma de ver la situación que al aplicarla te trae realización. Etapa donde pruebas cosas nuevas, pérdida de miedo.

| Estudios / Escolaridad | Revela Tu misión de vida | Realización personal | Contratos del Alma |
| | | | ¿Quién estuvo presente? |
	Acontecimientos Importantes en tu Vida	Actividad / Talento / Aprendizaje	Maestros / Personas Importantes
	Mis padres se casaron y yo los acompañaba desde el vientre de mi mami.	Aprendizaje: Tengo el poder de unir a las personas que más quiero.	Papá y mamá, abuelos
	Había carencias económicas en mi familia. Todo mejoró después de mi nacimiento	Traigo Abundancia a los que más quiero con mi presencia en este mundo.	Papá y mamá, abuelos
	Problemas en el parto: cordón umbilical enredado. Logré superarlo con ayuda del doctor.	Talento: Muestro fuerza ante la adversidad. Guerrera incansable.	Papá y mamá, abuelos, tíos
	Recibí muchos regalos y atenciones.	Aprendizaje: Cuando me abro a recibir, la vida siempre me da.	Papá y mamá, abuelos, tíos
	Cólicos, mucho llanto. Nace mi mermano.	Aprendizaje: Puedo confiar en mis padres y en que alguien vela por mí, siempre.	Abuela, madre
	Mi madre me enseñó la Oración del Ángel de la Guarda.	Aprendizaje: Aunque no los vea siempre, mis ángeles siempre velando por mí.	¡Mamá es mi primer ángel
Entre al kinder	Empecé a hacer amigos. Me gusta socializar y conocer nuevas cosas.	La maestra habla de una niña alegre e inteligente. ¡Sí, acepto!	Maestra Lourdes / Abue me llevaba.
Kinder	Aprendo muy rápido. Nací con prisa por saber.	La educación es mi trampolín. Actividad: Siempre que estudie creceré.	Cambios de maestros que quise mucho

EJEMPLO DE TABLA DE PLAN DE VIDA ESPIRITUAL INDIVIDUAL (continuación)

AÑO	EDAD	ETAPA ESPIRITUAL
1981	6	Transición
1982	7	Transición / Crecimiento Espiritual / Tocas Misión Personal
1983	8	Transición
1984	9	Transición (Cierre de un Ciclo)
1985	10	Tocas Misión de Vida Personal y Colectiva
1986	11	Realización
1987	12	Exploración / Desarrollo de Fe
1988	13	Exploración / Crecimiento Espiritual
1989	14	Exploración
1990	15	Transición / Trampolín / Adolesencia
1991	16	Transición / Crisis: Adolescencia
1992	17	Transición / Crecimiento Espiritual

| Estudios / Escolaridad | Revela Tu misión de vida | Realización personal | Contratos del Alma |
| | | | ¿Quién estuvo presente? |
	Acontecimientos Importantes en tu Vida	Actividad / Talento / Aprendizaje	Maestros / Personas Importantes
Primaria	Descubrí nuevas actividades y libros que me gustaron.	Me gustaba que mi madre me leyera cuentos. Ahora yo le leeré libros a ella.	Mamá, importante en mi misión de vida
Cambio de escuela	Me gustaba mucho ayudar a un amiguito. Mi papá se fue de la casa. Gané concurso.	Si hago caso a mi sensibilidad, me acepto como soy puedo ayudar más.	Papá como tema de Misión de Vida por sanar
Primaria	Era muy feliz en la escuela.	Cuando no me preocupaba por nada, era capaz de disfrutar más. Me recuerda soltar.	Conocí a mi amigo Andrés.
Primaria	Muere mi abuelita/ Me enojé con Dios.	Aprendizaje: Amar en tiempo presente. Decir te quiero más, desapego.	Mi abuelito
Primaria	Cambio de escuela, gané un concurso. Primera Comunión.	Ese concurso muestra mis talentos naturales a mi misión de vida.	Quiero a Jesús.
Primaria	Me divertía mucho en la escuela.	Me recuerda divertirme más, como cuando niña.	Amiga Andrea
Primaria	Muere mi abuelito. Mi casa se llenó de gente orando, me sentí cerca de Jesús.	Talento: Soy buena mostrando mi amor y mi apoyo a los que amo. Me gusta Dios	Mi familia
Secundaria	Me fui de misiones a un pueblo y vi mucha pobreza, sentí ganas de cambiar el mundo cuando creciera.	Me doy cuenta ahora como el ayudar a otros es parte de mi Misión de Vida.	Maestro Jesús
Secundaria	Viaje con mis papás; me gustó decsubrir muchas cosas nuevas.	Viajar es parte de mi Misión de Vida, que disfruto. Me gusta explorar.	Mis hermanos, personas importantes en mi misión.
Secundaria	Fiesta de Quince Años. Viaje. Me volví el centro de atención en mi casa.	Me sentí querida. Lección: Agradezco todas las muestras de amor de mis padres.	Papás, hermanos, amigos
Preparatoria	Peleas con mis papás. Rebelde. Tenía sueños premonitorios.	Hoy me doy cuenta de que no siempre entendía sus razones, ni me dejaba cuidar.	Papás
Preparatoria	Empecé a ir a misa por gusto.	Siento amor profundo cada vez que me acerco a Dios, Jesús.	Jesús, ángeles, papás

EJEMPLO DE TABLA DE PLAN DE VIDA ESPIRITUAL INDIVIDUAL (continuación)

AÑO	EDAD	ETAPA ESPIRITUAL
1993	18	Transición / Cierre-Inicio de Ciclo/Tocas Mision Personal
1994	19	Transición / Crisis
1995	20	Tocas Misión de Vida
1996	21	Realización
1997	22	Exploración
1998	23	Exploración / Crecimiento Espiritual
1999	24	Exploración
2000	25	Transición / Trampolín
2001	26	Transición / Confrontación Personal
2002	27	Bendiciones Otorgadas de por Vida. Camino-Personas para tu Despertar

| Estudios / Escolaridad | Revela Tu misión de vida | Realización personal | Contratos del Alma |
| | | | ¿Quién estúvo presente? |
	Acontecimientos Importantes en tu Vida	Actividad / Talento / Aprendizaje	Maestros / Personas Importantes
Preparatoria	Viaje a otra ciuidad para comenzar un trabajo/ estudios nuevos. Me gustaba mucho sentirme útil.	Profesión relacionada con mis talentos más naturales. Tengo que seguir con eso.	Amiga Liliana
Universidad	Peritonitis. Transición de la enfermedad a la salud.	Aprendizaje: En mi misión de vida tengo que voltear a verme a mí, cuidarme más.	Mamá siempre cerca de mí.
Universidad	Empecé a ahorrar para hacer la casa a mis papás. Empecé un trabajo nuevo. Cambio de casa.	Mi independencia financiera es muy importante en mi Misión de Vida. Soy noble.	Compañeros de trabajo nuevos
Universidad	Disfrutaba mucho mi vida. Lo que estudiaba	A pesar de los retos, siempre he disfrutado aprender nuevas cosas.	Amiga Ingrid
Universidad	Terminé la carrera y empecé a buscar nuevas opciones.	Está bien explorar opciones, hoy me doy cuenta de que no hay tiempo perdido.	Francisco
Universidad	Me acerqué a Dios. Me atreví a confrontar miedos. Decidí educar a mis hijos a creer en algo superior.	Siempre que me estreso más, regreso a Dios y él siempre está esperándome.	Paulina
	Descubrí opciones de estudiar en el extranjero.	Siempre que me atrevo a luchar por mis sueños, Dios me hace llegar los recursos.	Laura
	Empecé un trabajo nuevo, que me trajo confianza y mayor seguridad financiera. Retiro Espiritual	Quiere decir que lo espiritual siempre aparece en mis años de crecimiento.	Tania
	Termino relación de Pareja. Embarazo y pérdida de un bebé.	Tema de Misión Personal: Maternidad.	Ex novio. Contrato importante para mi despertar
	Viajes. Conocí al que sería mi esposo. Me arriesgué con un Crédito que sí pagué.	¡Mi esposo es parte del camino espiritual que elegí! Talento Otorgado: Dinero y Amigos!	Mi ahora esposo

EJEMPLO DE TABLA DE PLAN DE VIDA ESPIRITUAL INDIVIDUAL (continuación)

AÑO	EDAD	ETAPA ESPIRITUAL
2003	28	Transición
2004	29	Transicion / Crisis
2005	30	Tocas Misión de Vida Personal y Colectiva.
2006	31	Realización
2007	32	Exploración / Micro Crisis / Desarrollo de Fe
2008	33	Exploración / Crecimiento Espiritual / Reafirmas Misión de Vida Personal
2009	34	Exploración
2010	35	Transición / Trampolín
2011	36	Transición

Estudios / Escolaridad	Revela Tu misión de vida	Realización personal	Contratos del Alma
			¿Quién estuvo presente?
	Acontecimientos Importantes en tu Vida	Actividad / Talento / Aprendizaje	Maestros / Personas Importantes
Nuevos Estudios	No estaba contenta con el trabajo que tenía. Terminé una amistad importante.	Está bien decir lo que me gusta y lo que no. Cada vez que me doy mi lugar crezco	Mónica
	Renuncié a un trabajo, crisis existencial. Problemas familiares. Nuevos Comienzos	Veo que sufro cuando me resisto a los cambios. Y éstos siempre son buenos.	Amigo Víctor
	¡Empecé un nueva empresa/actividad que me encanta! Empezé una relación.	Eso tiene que ver con mis talentos/aprendizajes/personas más importantes de mi vida.	¡Persona súper importante para mi despertar!
	¡Me casé!	Persona ultra importante para Misión de Vida, es camino para mi despertar.	Daniel
	Viaje encuentro espiritual. Deseo de tener hijos. Choque automovilístico	Replantear mis prioridades en la vida. Se repite tema maternidad en mi misón	Padre Charly
	Aborto espontáneo. Me regalaron Un Curso de Milagros	Tema: Maternidad/Paternidad en Misión de Vida	Alejandro y maestro Jesús
	Asistí Nuevos Cursos/ Expos.	Eso refleja mis intereses y mis talentos	Claudia
	Nuevo empleo.	Empleo afín a mis talentos.	Amigo Juan que me ayudó tantas veces.
	Quedé embarazada. Transición en la forma de relación con mi esposo.	Transición: Pasar de una etapa a otra de mayor crecimiento en todas las areas.	Mi esposo

EJEMPLO DE TABLA DE PLAN DE VIDA ESPIRITUAL INDIVIDUAL (continuación)

AÑO	EDAD	ETAPA ESPIRITUAL
2012	37	Transición / Crecimiento Espiritual
2013	38	Transición / Transición-Crisis
2014	39	Transicion / Crisis
2015	40	Tocas Misión de Vida Personal y Colectiva
2016	41	Realización
2017	42	Exploración / Micro Crisis / Desarrollo de Fe
2018	43	Exploración / Crecimiento Espiritual / Reafirmas Misión de Vida Personal
2019	44	Exploración
2020	45	Transición / Trampolín
2021	46	Transición
2014	47	Transición / Crecimiento Espiritual
2015	48	Transición
2016	49	Transicion / Crisis
2017	50	Tocas Misión de Vida Personal y Colectiva
2018	51	Realización
2019	52	Exploración / Micro Crisis / Desarrollo de Fe

| Estudios / Escolaridad | Revela Tu misión de vida | Realización personal | Contratos del Alma |
| | | | ¿Quién estuvo presente? |
	Acontecimientos Importantes en tu Vida	Actividad / Talento / Aprendizaje	Maestros / Personas Importantes
	Nacimiento de un hijo.	Significado: Es una de las personas más importantes para mi despertar espiritual.	Mi hijo es parte de mi despertar espiritual.
	Trataba de empezar mi propio negocio. Nuevos comienzos que traerán abundancia.	Mi independencia financiera es muy importante en mi misión de vida. Confianza en mí	Mi papá, Esposa me ayudó mucho.
	Tuve que contratar empleados y aceptar crecer con mi empresa.	Confía en tus talentos.	Nuevos socios
	Grandes beneficios de un nuevo trabajo ¡que me encanta!. Nuevas personas, socios, amistades.	Eso tiene que ver con mis talentos/aprendizajes/personas importantes en mi vida.	Nuevos amigos

TABLA DE PLAN DE VIDA ESPIRITUAL **INDIVIDUAL**

MI CAMINO ESPIRITUAL	
	ETAPA EXPLORACIÓN
	ETAPA TRANSICIÓN
	ETAPA TOCAS MISIÓN DE VIDA
	ETAPA REALIZACIÓN

AÑO	EDAD	ETAPA ESPIRITUAL
	Embarazo	Etapa de Exploración
	Hora de Nacimiento	Etapa de Transición / Transición-Crisis
	0	Tocas Misión de Vida
	1	Realización
	2	Exploración / Micro Crisis / Micro adolescenciax
	3	Exploración/ Cierre de Primer Ciclo/Crecimiento Espiritual
	4	Exploración
	5	Transición / Trampolín: Cambios
	6	Transición
	7	Transición / Crecimiento Espiritual / Tocas Misión Personal
	8	Transición
	9	Transición (Cierre de un Ciclo)
	10	Tocas Misión de Vida Personal y Colectiva
	11	Realización
	12	Exploración / Desarrollo de Fe
	13	Exploración / Crecimiento Espiritual
	14	Exploración
	15	Transición / Trampolín / Adolesencia
	16	Transición / Crisis: Adolescencia
	17	Transición / Crecimiento Espiritual
	18	Transición
	19	Transición / Crisis
	20	Tocas Misión de Vida
	21	Realización
	22	Exploración
	23	Exploración / Crecimiento Espiritual
	24	Exploración

Estás conociendo, explorando, buscas opciones, respuestas, ¿quién soy? ¿Qué me gusta?

Se intensifica la búsqueda y la necesidad de tomar decisiones. Cambios de fondo y forma.

Despegas con tus talentos. Tocas temas de vida por sanar. Vences miedos. ¡Nuevos comienzos beneficiosos! Usando esos talentos te va a ir bien.

Lo que estés haciendo ahí como profesión, tiene que ver con tu misión

Momentos en los que comprendes lecciones. Has aprendido una nueva forma de ver la situación que al aplicarla te trae realización. Etapa donde pruebas cosas nuevas, pérdida de miedo.

	Revela Tu misión de vida	Realización personal	Contratos del Alma
			¿Quién estuvo presente?
Estudios / Escolaridad	Acontecimientos Importantes en tu Vida	Actividad / Talento / Aprendizaje	Maestros / Personas Importantes

TABLA DE PLAN DE VIDA ESPIRITUAL **INDIVIDUAL** (continuación)

MI CAMINO ESPIRITUAL	
	ETAPA EXPLORACIÓN
	ETAPA TRANSICIÓN
	ETAPA TOCAS MISIÓN DE VIDA
	ETAPA REALIZACIÓN

AÑO	EDAD	ETAPA ESPIRITUAL
	25	Transición / Trampolín
	26	Transición / Confrontación Personal
	27	Bendiciones Otorgadas de por Vida. Camino-Personas para tu Despertar
	28	Transición
	29	Transición / Crisis
	30	Tocas Misión de Vida Personal y Colectiva
	31	Realización
	32	Exploración / Micro Crisis / Desarrollo de Fe
	33	Exploración / Crecimiento Espiritual/Reafirmas Misión de Vida Personal
	34	Exploración
	35	Transición / Trampolín
	36	Transición
	37	Transición / Crecimiento Espiritual
	38	Transición
	39	Transicion / Crisis
	40	Tocas Misión de Vida Personal y Colectiva
	41	Realización
	42	Exploración / Micro Crisis / Desarrollo de Fe
	43	Exploración/Crecimiento Espiritual/Reafirmas Misión de Vida Personal
	44	Exploración
	45	Transición / Trampolín
	46	Transición
	47	Transición / Crecimiento Espiritual
	48	Transición
	49	Transición
	50	Tocas Misión de Vida Personal y Colectiva
	51	Realización

Estás conociendo, explorando, buscas opciones, respuestas, ¿quién soy? ¿Qué me gusta?

Se intensifica la búsqueda y la necesidad de tomar decisiones. Cambios de fondo y forma.

Despegas con tus talentos. Tocas temas de vida por sanar. Vences miedos. ¡Nuevos comienzos beneficiosos! Usando esos talentos te va a ir bien.

Lo que estés haciendo ahí como profesión, tiene que ver con tu misión

Momentos en los que comprendes lecciones. Has aprendido una nueva forma de ver la situación que al aplicarla te trae realización. Etapa donde pruebas cosas nuevas, pérdida de miedo.

	Revela Tu misión de vida	Realización personal	Contratos del Alma
			¿Quién estuvo presente?
Estudios / Escolaridad	Acontecimientos Importantes en tu Vida	Actividad / Talento / Aprendizaje	Maestros / Personas Importantes

TABLA DE PLAN DE VIDA ESPIRITUAL **INDIVIDUAL** (continuación)

MI CAMINO ESPIRITUAL	
	ETAPA EXPLORACIÓN
	ETAPA TRANSICIÓN
	ETAPA TOCAS MISIÓN DE VIDA
	ETAPA REALIZACIÓN

AÑO	EDAD	ETAPA ESPIRITUAL
	52	Exploración / Micro Crisis / Desarrollo de Fe
	53	Exploración / Crecimiento Espiritual / Reafirmas Misión de Vida Personal
	54	Exploración
	55	Transición / Trampolín
	56	Transición
	57	Transición / Crecimiento Espiritual
	58	Transición
	59	Transición / Crisis
	60	Tocas Misión de Vida Personal y Colectiva
	61	Realización
	62	Exploración / Micro Crisis / Desarrollo de Fe
	63	Exploración / Crecimiento Espiritual / Reafirmas Misión de Vida Personal
	64	Exploración
	65	Transición / Trampolín
	66	Transición / Crecimiento espiritual sobre lo material
	67	Transición / Crecimiento Espiritual
	68	Transición
	69	Transición/Crisis
	70	Tocas Misión de Vida Personal y Colectiva/Alta Espiritualidad
	71	Realización
	72	Exploración / Micro Crisis / Desarrollo de Fe
	73	Exploración / Crecimiento Espiritual / Reafirmas Misión de Vida Personal
	74	Exploración
	75	Transición / Trampolín
	76	Transición
	77	Bendición otorgada / Alta espiritualidad / Encuentro guiado por Jesús

Estás conociendo, explorando, buscas opciones, respuestas, ¿quién soy? ¿Qué me gusta?

Se intensifica la búsqueda y la necesidad de tomar decisiones. Cambios de fondo y forma.

Despegas con tus talentos. Tocas temas de vida por sanar. Vences miedos. ¡Nuevos comienzos beneficiosos! Usando esos talentos te va a ir bien.

Lo que estés haciendo ahí como profesión, tiene que ver con tu misión

Momentos en los que comprendes lecciones. Has aprendido una nueva forma de ver la situación que al aplicarla te trae realización. Etapa donde pruebas cosas nuevas, pérdida de miedo.

	Revela Tu misión de vida	Realización personal	Contratos del Alma
			¿Quién estuvo presente?
Estudios / Escolaridad	Acontecimientos Importantes en tu Vida	Actividad / Talento / Aprendizaje	Maestros / Personas Importantes

MI CAMINO ESPIRITUAL	
	ETAPA EXPLORACIÓN
	ETAPA TRANSICIÓN
	ETAPA TOCAS MISIÓN DE VIDA
	ETAPA REALIZACIÓN

AÑO	EDAD	ETAPA ESPIRITUAL
	78	Transición
	79	Transición / Crisis
	80	Tocas Misión de Vida Personal y Colectiva
	81	Realización
	82	Exploración / Micro Crisis / Desarrollo de Fe
	83	Exploración / Crecimiento Espiritual / Reafirmas Misión de Vida Personal
	84	Exploración
	85	Transición / Trampolín
	86	Transición
	87	Transición / Crecimiento Espiritual
	88	Transición
	89	Transición / Crisis
	90	Tocas Misión de Vida Personal y Colectiva
	91	Realización
	92	Exploración / Micro Crisis / Desarrollo de Fe
	93	Exploración / Crecimiento Espiritual / Reafirmas Misión de Vida Personal
	94	Exploración
	95	Transición / Trampolín
	96	Transición
	97	Transición / Crecimiento Espiritual
	98	Transición
	99	Transición / Crisis
	100	Tocas Misión de Vida Personal y Colectiva

Estás conociendo, explorando, buscas opciones, respuestas,
¿quién soy? ¿Qué me gusta?

Se intensifica la búsqueda y la necesidad de tomar decisiones. Cambios de fondo y forma.

Despegas con tus talentos. Tocas temas de vida por sanar.
Vences miedos. ¡Nuevos comienzos beneficiosos! Usando
esos talentos te va a ir bien.

Lo que estés haciendo ahí como profesión, tiene que ver con tu misión

Momentos en los que comprendes lecciones. Has aprendido
una nueva forma de ver la situación que al aplicarla te trae
realización. Etapa donde pruebas cosas nuevas, pérdida de
miedo.

	Revela Tu misión de vida	Realización personal	Contratos del Alma
			¿Quién estuvo presente?
Estudios / Escolaridad	Acontecimientos Importantes en tu Vida	Actividad / Talento / Aprendizaje	Maestros / Personas Importantes

TABLA DE PLAN DE VIDA ESPIRITUAL EN **PAREJA**

MI CAMINO ESPIRITUAL	
	ETAPA EXPLORACIÓN
	ETAPA TRANSICIÓN / CRISIS
	ETAPA TOCAS MISIÓN DE VIDA
	ETAPA REALIZACIÓN

ELLA Y ÉL

AÑO	EDAD	ETAPA ESPIRITUAL
	Embarazo	Etapa de Exploración
	Hora de Nacimiento	Etapa de Transición / Transición-Crisis
	0	Tocas Misión de Vida
	1	Realización
	2	Exploración / Micro Crisis / Micro adolescencia
	3	Exploración / Cierre de Primer Ciclo/Crecimiento Espiritual
	4	Exploración
	5	Transición / Trampolín: Cambios
	6	Transición
	7	Transición / Crecimiento Espiritual / Tocas Misión Personal
	8	Transición
	9	Transición (Cierre de un Ciclo)
	10	Tocas Misión de Vida Personal y Colectiva
	11	Realización
	12	Exploración / Desarrollo de Fe
	13	Exploración / Crecimiento Espiritual
	14	Exploración
	15	Transición / Trampolín / Adolesencia
	16	Transición / Crisis: Adolescencia
	17	Transición / Crecimiento Espiritual
	18	Transición
	19	Transición / Crisis
	20	Tocas Misión de Vida
	21	Realización
	22	Exploración
	23	Exploración / Crecimiento Espiritual
	24	Exploración
	25	Transición / Trampolín
	26	Transición / Confrontación Personal

Estás conociendo, explorando, buscas opciones, respuestas, ¿quién soy? ¿Qué me gusta?

Se intensifica la búsqueda y la necesidad de tomar decisiones. Cambios de fondo y forma.

Despegas con tus talentos. Tocas temas de vida por sanar. Vences miedos. ¡Nuevos comienzos beneficiosos! Usando esos talentos te va a ir bien.

Momentos en los que comprendes lecciones. Has aprendido una nueva forma de ver la situación que al aplicarla te trae realización. Etapa donde pruebas cosas nuevas, pérdida de miedo.

	Revela misión de vida
	Actividad / Talento / Aprendizaje
Acontecimientos Importantes en tu Vida	¿Qué acción debes tomar?

TABLA DE PLAN DE VIDA ESPIRITUAL EN **PAREJA** (continuación)

MI CAMINO ESPIRITUAL		
	ETAPA EXPLORACIÓN	
	ETAPA TRANSICIÓN / CRISIS	
	ETAPA TOCAS MISIÓN DE VIDA	
	ETAPA REALIZACIÓN	

ELLA Y ÉL		
AÑO	EDAD	ETAPA ESPIRITUAL
	27	Bendiciones Otorgadas de por Vida. Camino-Personas para tu Despertar
	28	Transición
	29	Transición / Crisis
	30	Tocas Misión de Vida Personal y Colectiva
	31	Realización
	32	Exploración / Micro Crisis / Desarrollo de Fe
	33	Exploración / Crecimiento Espiritual / Reafirmas Misión de Vida Personal
	34	Exploración
	35	Transición / Trampolín
	36	Transición
	37	Transición / Crecimiento Espiritual
	38	Transición / Transición-Crisis
	39	Transición / Crisis
	40	Tocas Misión de Vida Personal y Colectiva
	41	Realización
	42	Exploración / Micro Crisis / Desarrollo de Fe
	43	Exploración / Crecimiento Espiritual / Reafirmas Misión de Vida Personal
	44	Exploración
	45	Transición / Trampolín
	46	Transición
	47	Transición / Crecimiento Espiritual
	48	Transición
	49	Transicion / Crisis
	50	Tocas Misión de Vida Personal y Colectiva
	51	Realización
	52	Exploración / Micro Crisis / Desarrollo de Fe
	53	Exploración / Crecimiento Espiritual / Reafirmas Misión de Vida Personal
	54	Exploración
	55	Transición / Trampolín

Estás conociendo, explorando, buscas opciones, respuestas, ¿quién soy? ¿Qué me gusta?

Se intensifica la búsqueda y la necesidad de tomar decisiones. Cambios de fondo y forma.

Despegas con tus talentos. Tocas temas de vida por sanar.Vences miedos. ¡Nuevos comienzos beneficiosos! Usando esos talentos te va a ir bien.

Momentos en los que comprendes lecciones. Has aprendido una nueva forma de ver la situación que al aplicarla te trae realización. Etapa donde pruebas cosas nuevas, pérdida de miedo.

	Revela misión de vida
	Actividad / Talento / Aprendizaje
Acontecimientos Importantes en tu Vida	¿Qué acción debes tomar?

TABLA DE PLAN DE VIDA ESPIRITUAL EN **PAREJA** (continuación)

MI CAMINO ESPIRITUAL	
	ETAPA EXPLORACIÓN
	ETAPA TRANSICIÓN / CRISIS
	ETAPA TOCAS MISIÓN DE VIDA
	ETAPA REALIZACIÓN

ELLA Y ÉL		
AÑO	EDAD	ETAPA ESPIRITUAL
	56	Transición
	57	Transición / Crecimiento Espiritual
	58	Transición
	59	Transición / Crisis
	60	Tocas Misión de Vida Personal y Colectiva
	61	Realización
	62	Exploración / Micro Crisis / Desarrollo de Fe
	63	Exploración / Crecimiento Espiritual / Reafirmas Misión de Vida Personal
	64	Exploración
	65	Transición / Trampolín
	66	Transición / Crecimiento espiritual sobre lo material
	67	Transición / Crecimiento Espiritual
	68	Transición
	69	Transición / Crisis
	70	Tocas Misión de Vida Personal y Colectiva / Alta Espiritualidad
	71	Realización
	72	Exploración / Micro Crisis/ Desarrollo de Fe
	73	Exploración / Crecimiento Espiritual / Reafirmas Misión de Vida Personal
	74	Exploración
	75	Transición / Trampolín
	76	Transición
	77	Bendición Otorgada / Alta espiritualidad / Encuentro guiado Jesús
	78	Transición
	79	Transición / Crisis
	80	Tocas Misión de Vida Personal y Colectiva
	81	Realización
	82	Exploración / Micro Crisis / Desarrollo de Fe
	83	Exploración / Crecimiento Espiritual / Reafirmas Misión de Vida Personal
	84	Exploración

Estás conociendo, explorando, buscas opciones, respuestas, ¿quién soy? ¿Qué me gusta?

Se intensifica la búsqueda y la necesidad de tomar decisiones. Cambios de fondo y forma.

Despegas con tus talentos. Tocas temas de vida por sanar. Vences miedos. ¡Nuevos comienzos beneficiosos! Usando esos talentos te va a ir bien.

Momentos en los que comprendes lecciones. Has aprendido una nueva forma de ver la situación que al aplicarla te trae realización. Etapa donde pruebas cosas nuevas, pérdida de miedo.

Acontecimientos Importantes en tu Vida	Revela misión de vida
	Actividad / Talento / Aprendizaje
	¿Qué acción debes tomar?

TABLA DE PLAN DE VIDA ESPIRITUAL EN **PAREJA** (continuación)

MI CAMINO ESPIRITUAL		
	ETAPA EXPLORACIÓN	
	ETAPA TRANSICIÓN / CRISIS	
	ETAPA TOCAS MISIÓN DE VIDA	
	ETAPA REALIZACIÓN	

ELLA Y ÉL		
AÑO	EDAD	ETAPA ESPIRITUAL
	85	Transición / Trampolín
	86	Transición
	87	Transición / Crecimiento Espiritual
	88	Transición
	89	Transición / Crisis
	90	Tocas Misión de Vida Personal y Colectiva
	91	Realización
	92	Exploración / Micro Crisis / Desarrollo de Fe
	93	Exploración / Crecimiento Espiritual / Reafirmas Misión de Vida Personal
	94	Exploración
	95	Transición / Trampolín
	96	Transición
	97	Transición / Crecimiento Espiritual
	98	Transición
	99	Transición / Crisis
	100	Tocas Misión de Vida Personal y Colectiva

Estás conociendo, explorando, buscas opciones, respuestas, ¿quién soy? ¿Qué me gusta?

Se intensifica la búsqueda y la necesidad de tomar decisiones. Cambios de fondo y forma.

Despegas con tus talentos. Tocas temas de vida por sanar. Vences miedos. ¡Nuevos comienzos beneficiosos! Usando esos talentos te va a ir bien.

Momentos en los que comprendes lecciones. Has aprendido una nueva forma de ver la situación que al aplicarla te trae realización. Etapa donde pruebas cosas nuevas, pérdida de miedo.

	Revela misión de vida
	Actividad / Talento / Aprendizaje
Acontecimientos Importantes en tu Vida	**¿Qué acción debes tomar?**

TABLA DE PLAN DE VIDA ESPIRITUAL EN **FAMILIA**

MI CAMINO ESPIRITUAL	
	ETAPA EXPLORACIÓN
	ETAPA TRANSICIÓN / CRISIS
	ETAPA TOCAS MISIÓN DE VIDA
	ETAPA REALIZACIÓN

FAMILIA		
AÑO	EDAD	ETAPA ESPIRITUAL
	Embarazo	Etapa de Exploración
	Hora de Nacimiento	Etapa de Transición / Transición-Crisis
	0	Tocas Misión de Vida
	1	Realización
	2	Exploración / Micro Crisis / Micro adolescencia
	3	Exploración / Cierre de Primer Ciclo / Crecimiento Espiritual
	4	Exploración
	5	Transición / Trampolín: Cambios
	6	Transición
	7	Transición / Crecimiento Espiritual / Tocas Misión Personal
	8	Transición
	9	Transición (Cierre de un Ciclo)
	10	Tocas Misión de Vida Personal y Colectiva
	11	Realización
	12	Exploración / Desarrollo de Fe
	13	Exploración / Crecimiento Espiritual
	14	Exploración
	15	Transición / Trampolín / Adolesencia
	16	Transición / Crisis: Adolescencia
	17	Transición / Crecimiento Espiritual
	18	Transición
	19	Transición/Crisis
	20	Tocas Misión de Vida
	21	Realización
	22	Exploración
	23	Exploración / Crecimiento Espiritual
	24	Exploración

Estás conociendo, explorando, buscas opciones, respuestas, ¿quién soy? ¿Qué me gusta?

Se intensifica la búsqueda y la necesidad de tomar decisiones. Cambios de fondo y forma.

Despegas con tus talentos. Tocas temas de vida por sanar. Vences miedos. ¡Nuevos comienzos beneficiosos! Usando esos talentos te va a ir bien.

Lo que estés haciendo ahí como profesión, tiene que ver con tu misión

Momentos en los que comprendes lecciones. Has aprendido una nueva forma de ver la situación que al aplicarla te trae realización. Etapa donde pruebas cosas nuevas, pérdida de miedo.

Acontecimientos importantes en tu Vida			Revela misión de vida	Realización personal
			Actividad / Talento / Aprendizaje ¿Qué acción deben tomar?	Maestros / Personas Importantes
Tú	Papás	Hermanos		

TABLA DE PLAN DE VIDA ESPIRITUAL EN **FAMILIA** (continuación)

MI CAMINO ESPIRITUAL	
	ETAPA EXPLORACIÓN
	ETAPA TRANSICIÓN
	ETAPA TOCAS MISIÓN DE VIDA
	ETAPA REALIZACIÓN

FAMILIA		
AÑO	EDAD	ETAPA ESPIRITUAL
	25	Transición / Trampolín
	26	Transición / Confrontación Personal
	27	Bendiciones Otorgadas de por Vida. Camino-Personas para tu Despertar
	28	Transición
	29	Transición / Crisis
	30	Tocas Misión de Vida Personal y Colectiva
	31	Realización
	32	Exploración / Micro Crisis / Desarrollo de Fe
	33	Exploración / Crecimiento Espiritual / Reafirmas Misión de Vida Personal
	34	Exploración
	35	Transición / Trampolín
	36	Transición
	37	Transición / Crecimiento Espiritual
	38	Transición / Transición-Crisis
	39	Transición / Crisis
	40	Tocas Misión de Vida Personal y Colectiva
	41	Realización
	42	Exploración / Micro Crisis / Desarrollo de Fe
	43	Exploración / Crecimiento Espiritual / Reafirmas Misión de Vida Personal
	44	Exploración
	45	Transición / Trampolín
	46	Transición
	47	Transición / Crecimiento Espiritual
	48	Transición
	49	Transicion / Crisis
	50	Tocas Misión de Vida Personal y Colectiva
	51	Realización

Estás conociendo, explorando, buscas opciones, respuestas, ¿quién soy? ¿Qué me gusta?

Se intensifica la búsqueda y la necesidad de tomar decisiones. Cambios de fondo y forma.

Despegas con tus talentos. Tocas temas de vida por sanar.Vences miedos. ¡Nuevos comienzos beneficiosos! Usando esos talentos te va a ir bien.

Lo que estés haciendo ahí como profesión, tiene que ver con tu misión

Momentos en los que comprendes lecciones. Has aprendido una nueva forma de ver la situación que al aplicarla te trae realización. Etapa donde pruebas cosas nuevas, pérdida de miedo.

Acontecimientos importantes en tu Vida			Revela misión de vida	Realización personal
			Actividad / Talento / Aprendizaje ¿Qué acción deben tomar?	Maestros / Personas Importantes
Tú	Papás	Hermanos		

TABLA DE PLAN DE VIDA ESPIRITUAL EN **FAMILIA** (continuación)

MI CAMINO ESPIRITUAL	
	ETAPA EXPLORACIÓN
	ETAPA TRANSICIÓN
	ETAPA TOCAS MISIÓN DE VIDA
	ETAPA REALIZACIÓN

FAMILIA		
AÑO	EDAD	ETAPA ESPIRITUAL
	52	Exploración / Micro Crisis / Desarrollo de Fe
	53	Exploración/Crecimiento Espiritual/Reafirmas Misión de Vida Personal
	54	Exploración
	55	Transición / Trampolín
	56	Transición
	57	Transición / Crecimiento Espiritual
	58	Transición
	59	Transición / Crisis
	60	Tocas Misión de Vida Personal y Colectiva
	61	Realización
	62	Exploración / Micro Crisis / Desarrollo de Fe
	63	Exploración / Crecimiento Espiritual / Reafirmas Misión de Vida Personal
	64	Exploración
	65	Transición / Trampolín
	66	Transición / Crecimiento espiritual sobre lo material
	67	Transición / Crecimiento Espiritual
	68	Transición
	69	Transición / Crisis
	70	Tocas Misión de Vida Personal y Colectiva / Alta Espiritualidad
	71	Realización
	72	Exploración / Micro Crisis / Desarrollo de Fe
	73	Exploración / Crecimiento Espiritual / Reafirmas Misión de Vida Personal
	74	Exploración
	75	Transición / Trampolín
	76	Transición
	77	Bendición Otorgada / Alta espiritualidad / Encuentro guiado Jesús
	78	Transición

Estás conociendo, explorando, buscas opciones, respuestas, ¿quién soy? ¿Qué me gusta?

Se intensifica la búsqueda y la necesidad de tomar decisiones. Cambios de fondo y forma.

Despegas con tus talentos. Tocas temas de vida por sanar. Vences miedos. ¡Nuevos comienzos beneficiosos! Usando esos talentos te va a ir bien.

Lo que estés haciendo ahí como profesión, tiene que ver con tu misión

Momentos en los que comprendes lecciones. Has aprendido una nueva forma de ver la situación que al aplicarla te trae realización. Etapa donde pruebas cosas nuevas, pérdida de miedo.

Acontecimientos importantes en tu Vida			Revela misión de vida	Realización personal
			Actividad / Talento / Aprendizaje ¿Qué acción deben tomar?	Maestros / Personas Importantes
Tú	Papás	Hermanos		

TABLA DE PLAN DE VIDA ESPIRITUAL EN **FAMILIA** (continuación)

MI CAMINO ESPIRITUAL	
	ETAPA EXPLORACIÓN
	ETAPA TRANSICIÓN
	ETAPA TOCAS MISIÓN DE VIDA
	ETAPA REALIZACIÓN

FAMILIA		
AÑO	EDAD	ETAPA ESPIRITUAL
	79	Transición / Crisis
	80	Tocas Misión de Vida Personal y Colectiva
	81	Realización
	82	Exploración / Micro Crisis / Desarrollo de Fe
	83	Exploración / Crecimiento Espiritual / Reafirmas Misión de Vida Personal
	84	Exploración
	85	Transición / Trampolín
	86	Transición
	87	Transición / Crecimiento Espiritual
	88	Transición
	89	Transición / Crisis
	90	Tocas Misión de Vida Personal y Colectiva
	81	Realización
	82	Exploración / Micro Crisis / Desarrollo de Fe
	93	Exploración / Crecimiento Espiritual / Reafirmas Misión de Vida Personal
	94	Exploración
	95	Transición / Trampolín
	96	Transición
	97	Transición / Crecimiento Espiritual
	98	Transición
	99	Transición / Crisis
	100	Tocas Misión de Vida Personal y Colectiva

Estás conociendo, explorando, buscas opciones, respuestas, ¿quién soy? ¿Qué me gusta?

Se intensifica la búsqueda y la necesidad de tomar decisiones. Cambios de fondo y forma.

Despegas con tus talentos. Tocas temas de vida por sanar. Vences miedos. ¡Nuevos comienzos beneficiosos! Usando esos talentos te va a ir bien.

Lo que estés haciendo ahí como profesión, tiene que ver con tu misión

Momentos en los que comprendes lecciones. Has aprendido una nueva forma de ver la situación que al aplicarla te trae realización. Etapa donde pruebas cosas nuevas, pérdida de miedo.

| Acontecimientos importantes en tu Vida | | | Revela misión de vida | Realización personal |
| | | | Actividad / Talento / Aprendizaje ¿Qué acción deben tomar? | Maestros / Personas Importantes |
Tú	Papás	Hermanos		

Tips para que notes la presencia de tus Ángeles

Formas en las que tus Ángeles quieren entrar en contacto contigo

1. Empiezas a escuchar de –ángeles- más seguido. Es su forma también de recordarte, que NO les has pedido y están esperándote. ¡Puedes hacerlo más!

2. Te topas con libros, artículos, especiales de ángeles. ¡Insisten, aquí estamos!

3. Te despiertas en la madrugada sin saber por qué , entre las 3 y 4 de la madrugada. (a las 3:00. 3:30, 3:33, 4:00, 4:04, 4:44). Están dejándote saber que tienen un mensaje para ti, siéntate y pregunta. ¡También les gusta hacerte saber cuando has hecho las cosas bien!, o simplemente manifestarte que te están velando de día y de noche. <3

4. Ves números repetidos a lo largo del día o durante días. Observa los números que se te repiten, como el 11:11 que utilizan mucho para recordarte, que: *Tus pensamientos son "órdenes" para el universo. Como la ley de causa y efecto, en lo que pongas tu energía, crece. Así que te recuerdan enfocarte en pensamientos positivos y amorosos y así lo notarás en el mundo que ves.* O series de números como el 0:00, 2:22, 3:33, 4:44, 5:55, 6:66, 7:77, 8:88, 9:99, 10:10 ¡Ahí están!

5. Escuchas tu nombre, pero nadie te ha llamado. Preguntas a las personas a tu alrededor, pero en realidad *lo escuchaste en tu mente*, donde ellos se comunican contigo.

6. Te encuentras con plumitas (tipo de ave) en tu camino, los número repetitivos y éstas son de sus señales más usadas sobre todo para las personas visuales, o que han pedido señales tangibles que puedan entender.

7. Pueden prender aparatos electrónicos, especialmente los relacionados con música, audio, radios, alarmas y hacer sonar celulares. Si esto te asusta que suenen no lo harán. Lo hacen para recalcar que tiene importancia ese pensamiento que acabas de tener, ese algo que acaba de pasar o lo que acabas de decir. Te ayudan también haciendo eso para que regreses a tiempo presente y pongas atención. Te están expresando su amor haciéndose presentes.

8. Atraen a ti a personas "angelicales". Sobre todo los acercan a los escépticos, o cuando no los has tenido tan presentes. Te están acercando su vibración de alegría y amor a través de ellos.

9. Comienzas a ver mariposas o seres alados de manera más notoria. ¡Te recuerdan que en todo momento están ayudando a tu crecimiento y transformación personal!

10. Te dan respuestas a través de tus sueños. Otra forma en la que se presentan, es cuando sueñas que llega alguien querido y te da las respuestas que necesitas. O una persona de alta vibración, que te trae paz en tus sueños.

ORACIÓN PARA ENTREGAR TUS DONES

Siempre que comiences tus días, por las mañanas puedes decir esta oración. Recuerda que tus ángeles están dispuestos a guiarte todos los días de tu vida y lo hacen para ayudarte a descubrir tus talentos, para que encuentres la dicha de sentirte útil, no importa la edad que tengas, ni cuanto creas que sabes o no, ellos te acercarán a esas personas y situaciones diarias donde puedes ayudar, para tu alegría y la alegría de otros. Y recuerda, lo que des, siempre regresa a ti.

Comienzo este día
Aceptando el gran poder que tengo de dar a otros
Acepto mi misión aquí y ahora
Acepto Padre a las personas que tú traigas a mí.
Hoy pongo mis dones en tus manos,
Colócame donde sirvan más.

Que todo lo que de,
lo de él Amor a través de mí.
Acepto con alegría la ayuda de mis ángeles
Y confirmo con gran amor que es mi deseo dar y recibir.
Pido que me guíen todos los días de mi vida
Es mi dicha servir.
Así sea, así ya es.
Tania
Karam

Despedida

No olvides que una vez que esta jornada ha
comenzado, el final es seguro.
Las dudas te asaltarán una y otra vez a lo largo
del camino, y luego se aplacarán sólo para volver a surgir.
El final, no obstante, es indudable.
Nadie puede dejar de hacer
lo que Dios le ha encomendado.

Un curso de milagros

Siéntete orgulloso de la vida que has tenido, de todo lo que has avanzado, lo veas hoy o no. Siéntete orgulloso de todo lo que has superado, del camino que has recorrido y siéntete dichoso de todas y cada una de las personas que Dios puso en tu camino. Has alegrado y tocado la vida de otros, ¡qué bendición!

En todas las etapas de tu vida, tu infancia, tu pubertad, tu adolescencia, tus contundentes treintas, y en cada década que has tocado tu misión de vida, o en tus más profundas crisis, ahí estuvo Dios. Todo eso que has vivido ha hecho de ti lo que eres hoy, algo que Dios ama.

Muchas personas no se dan cuenta de su misión de vida porque no se han permitido observar detenidamente eso: su vida. No la observan con detalle, como lo hacen tus ángeles que te aman.

Entre más la observes con detenimiento, verás en cada año, mes, día e instante, la firma amorosa de Dios. Tú eres su más bella creación.

A la distancia, nos damos cuenta de cómo todas las pruebas más difíciles pasaron por las mejores razones. Y en este andar de la vida, continuamos aprendiendo a amarnos los unos a los otros. Oro por ti, oro por que te realices cumpliendo tu misión de vida personal y colectiva, que encuentres dicha en servir a los demás, a los más cercanos y lejanos, por supuesto incluyéndote, incluyendo los cimientos de practicar el amor a ti mismo.

Antes de despedirme, pido un milagro para ti, el que más necesites, para ti y para toda tu familia, para aquellos a quien amas. Que ese amor te siga abriendo todas las puertas, mi amor y mis palabras ya te acompañan.

Gracias por haberme acompañado a lo largo de este libro hasta las últimas letras. Que estés lleno de dicha, me despido bendiciendo tu vida... **una vida con Ángeles.**

Yo soy paz
Yo soy amor
Yo soy luz
Tania Karam

Agradecimientos

Desde lo más profundo de mi ser doy gracias a *Dios*, por esta aventura de mi vida, siempre llena de aprendizajes, de crecimiento y de dicha. Gracias Padre-Madre. Mi vida es tuya.

Gracias **Maestro Jesús**- Jeshua. Hermano mayor. Por cada paso en el que siento tu inminente presencia y tu amor sosteniéndome. Por cada mañana, tu mirada puesta en mis ojos, por tus palabras a través de mí, por la coherencia, la compasión y por ser el primer revolucionario que nunca murió. Te amo más allá de cualquier palabra que pueda expresar. Gracias.

A los **Arcángeles** que me acompañan por misión de vida, y ¡vaya que me mantienen en el camino! y a mis queridísimos ángeles de la guarda. ¡Vaya equipo muchachos! Realmente me han hecho sentir su presencia, su amor, su alegría... y yo feliz de *trabajar para la compañía de "Luz y Fuerza"*.

A mi madre Amelia y a mi padre José: ¡toda una vida de gratitud! agradezco cada uno de sus esfuerzos y el amor con el que me han educado. Gracias por aceptar ser mis padres. Darme cuenta de su amor incondicional hacia mí, es el mejor bálsamo a mi corazón y la educación a la que me dieron acceso, mi mejor tesoro. Gracias siempre por su respeto a mis decisiones y por enseñarme un camino hacia la libertad. Mamá por siempre te amo, Papá por siempre te amo.

A Laura y a José Julián: Cada palabra en este libro se las dedico en mi intención de recordarles, que los más grandes sueños se cumplen, y en ustedes también veo con gran admiración muchos sueños cumplidos, veo con gran admiración a dos seres hermosos, nobles, que siguieron su intuición cumpliendo cada día su misión personal y colectiva. Su hermana mayor hoy les cuenta algo de su historia... Por muchos más sueños por vivir juntos y por el regalo de una infancia con tanto amor y riqueza, ¡gracias hermanos! Los amo.

Dan y Amelia: Dos personas que se aman atraen con su luz a una estrellita que apenas nace, para cobijarse bajo esa cálida y brillante luz, la de su amor. Dan, brillas por tu calidad humana. Amelia, qué tierna y qué hermosa eres, gracias por elegirlos, por elegirnos,...apenas llegas y ya cambias nuestras vidas. Alguien que te ama, ya te ha escrito, dedicado y deseado *una vida con ángeles*. ¡Llenaremos juntos tu tabla! Los amo.

Gracias a mi casa editorial: Penguin Random House, por hacer este libro posible, por todo su amable apoyo, siempre me hicieron sentir en casa. Qué talentosos, cálidos y profesionales son: Paty Mazón, Carlos Ramírez, César Ramos, David García, Sergio Zepeda, Andrea Salcedo, Claudia López y María de la Garza.

Alejandra H. González: Este libro no hubiera sido posible sin tu grandiosa ayuda, gracias a Dios por el momento preciso que te colocó en mi vida, y cuando más se necesitaba. ¡Gracias por tanto! Porque tu sabes que hubiera sido más fácil renunciar que seguir, y tu seguiste trabajando también a mi lado, sin un solo lamento. A tu hermosa madre María, que quiero, y el apoyo de tu familia, inmensamente y con todo mi amor, ¡gracias!

Yordi Rosado: El ángel terrenal que hizo el primer contacto para que este libro fuera posible. ¡Gracias amigo! por tus valiosísimos consejos, por estar al pendiente en todo el proceso, por ser una persona tan profesional y amable dentro y fuera de un foro. Eres una persona de la que se puede aprender tanto, y te lo agradezco de corazón, sobre todo tu calidad humana y tu sencillez. Gracias infinitamente, Yordi, te quiero.

Quiero agradecer con todo mi corazón a algunas, ojalá pudiera a todas, las personas que me apoyaron durante el proceso que tomó mi vida, mientras escribía este libro. No dejan de sorprenderme con su amor, su apoyo y su invaluable amistad. Este libro también fue posible gracias a ustedes. ¡Por estar siempre, gracias!

Lucila, Julián, Socorro, Lee y Luly Karam
José, Elisa, Luly, Eva Rosario y Gloria López
Paulina Gonzalez J.
Tania Sommerz y Familia
Paulina Diaz Albarrán y Familia
Claudia Cavia
Renata Sánchez
Yael Osollo
Berenice Turrent

Linda Cuellar y Familia
Tere y Mari Tere García
Lubet Garrido y Familia
Gerardo Mora
Juan Carreón
Lili Vásquez

Dra. Susana Mondragón
Allan Kaye
René Paz
Alejandro Paz
Víctor Mahbub
César Rassi
Rafa Bracho

Lucía Espinoza
Juan Carlos García
Gabriel Garzón P.
Graciela Rosas
Alexandra González y Familia
Don Iván, Teresa e Iván González
María Fernanda Gay
Viviana Valdés
Paty Izquierdo
Camilo Falcón
Lety y Susy Kern

No podría mencionarlos a todos, pero también a todas las personas que hicieron y han hecho posible que cumpla con mi misión de vida, a todos los que han asistido a mis cursos, terapias o diplomados. Mi amor y gratitud por siempre con ustedes hermanos. ¡Los quiero!